LES MONUMENTS PUBLICS
LES JARDINS ET PROMENADES
LES VOITURES ET OMNIBUS
LES PLAISIRS DE JOUR ET DE NUIT
LES MUSÉES ET BIBLIOTHÈQUES
LES ÉGLISES, PLACES, SQUARES
LES THÉÂTRES, BALS & CONCERTS
LES CHEMINS DE FER ET PAQUEB^{ts}
LES POSTES ET TÉLÉGRAPHES
LES MONNAIES DE TOUS PAYS
LES
MAISONS RECOMMANDÉES
ETC. ETC. ETC.

PARIS-PARTOUT

GUIDE GÉNÉRAL

1908

PARIS. — TYPOGRAPHIE DE ROUGE FRÈRES, DUNON ET FRESNÉ
rue du Four-Saint-Germain, 43.

Bibliothèque Française

PARIS-PARTOUT

GUIDE GÉNÉRAL

Les Monuments publics.
Les Jardins et Promenades.
Les Voitures et Omnibus.
Les Plaisirs de jour et de nuit.
Les Musées et Bibliothèques.
Les Églises, Places et Squares.
Les Théâtres, Bals et Concerts.
Les Chemins de fer et Paquebots.
Les Postes et Télégraphes.
Les Monnaies de tous pays.
Les Maisons recommandées.

PARIS-UTILE — PARIS-TOILETTE
PARIS-GASTRONOME — PARIS-SANTÉ
PARIS-ÉLÉGANT

PARIS

P. LEBIGRE-DUQUESNE, ÉDITEUR

16, RUE HAUTEFEUILLE, 16

1868

A M

DÉDICACE

C'est à l'industrie et au commerce de la France et de l'Étranger que nous dédions cette publication.

PARIS-PARTOUT, c'est-à-dire **Paris-Utile, Paris-Élégant, Paris-Plaisirs, Paris-Toilette, Paris-Gastronome, Paris-Santé**, etc., est un guide général qui s'adresse à tout le monde.

L'immense succès qui s'attache nécessairement à cette utile publication, nous a déterminés à la faire paraître dans les **cinq principales langues** de l'Europe :

FRANÇAIS, ANGLAIS, ALLEMAND, ITALIEN, ESPAGNOL.

Nous répondons ainsi à toutes les demandes qui nous sont adressées, et nous avons accès dans tous les pays du monde.

PARIS-PARTOUT est classé dans la série des publications de notre Bibliothèque française, dont la vente atteint aujourd'hui le chiffre de **six cent quarante mille exemplaires** (*tirage officiel.*)

Ce résultat est assez éloquent pour que nous n'ayons rien de plus à ajouter.

P. LEBIGRE-DUQUESNE.

IMPRIMERIE ET LIBRAIRIE CENTRALES DES CHEMINS DE FER
A. CHAIX ET CIE
RUE BERGÈRE, 20, PRÈS DU BOULEVARD MONTMARTRE, A PARIS.

SEULES PUBLICATIONS OFFICIELLES
DES CHEMINS DE FER
PARAISSANT DEPUIS VINGT ANS
AVEC LE CONCOURS ET SOUS LE CONTROLE DES COMPAGNIES

L'INDICATEUR DES CHEMINS DE FER, seul *Journal officiel*...... 40 c.
LIVRET-CHAIX continental, *Guide officiel des Voyageurs sur tous les Chemins de fer de l'Europe*... 1 fr 50
Livret spécial DES CHEMINS DE FER DE PARIS A LYON ET A LA MÉDITERRANÉE, *etc*.. 25 c.
Livret spécial DES CHEMINS DE FER DE L'OUEST............... 25 c.
Livret spécial DES CHEMINS DE FER DE L'EST ET ALLEMANDS. 25 c.
Livret spécial DES CHEMINS DE FER D'ORLÉANS ET DU MIDI. 20 c.
Livret spécial DU CHEMIN DE FER DU NORD..................... 20 c.
Recueil général DES TARIFS DES CHEMINS DE FER *pour les transports à grande et à petite vitesse*, adopté par les Compagnies de Chemins de fer pour le service de leurs Gares.

NOUS PUBLIONS EN OUTRE
A B C, Indicateur alphabétique des Chemins de fer................ 75 c.
Guide des Militaires et Marins.. 1 fr.
Livret des rues de Paris, des Omnibus, des Voitures et des Théâtres, avec plans de Paris et des Théâtres........................ 1 fr. 25
Indicateurs illustrés des cinq réseaux, de Paris à Lyon et à la Méditerranée, et Victor-Emmanuel; — d'Orléans et du Midi; — de l'Est; — de l'Ouest; — du Nord;
Contenant les Services officiels des Chemins de fer et leurs Correspondances, et un *Guide historique et descriptif des principales Localités de chaque Réseau*.. 25 c.

Chacune de ces Publications, qui réunit tous les renseignements utiles aux Voyageurs sur les divers réseaux, est tenue régulièrement au courant des changements de Service.

L'**Indicateur** paraît tous les dimanches. — Le **Livret-Chaix continental** paraît le 1er de chaque mois.—L' **A B C** paraît deux fois par an, à l'époque des grands changements de services d'été et d'hiver. — Les **Indicateurs illustrés**, ainsi que les **Livrets spéciaux**, paraissent chaque fois qu'un changement de Service a lieu. — Le **Recueil des Tarifs** paraît au commencement de chaque trimestre.

CES PUBLICATIONS SE VENDENT
DANS TOUTES LES PRINCIPALES GARES ET BUREAUX DE VILLE DE LA FRANCE
A PARIS, dans les Librairies, les Bureaux d'Omnibus et chez les M^{ds} de Journaux.

TABLE DES MATIÈRES

ARRIVÉE EN FRANCE..

RENSEIGNEMENTS GÉNÉRAUX :

1º Avant le départ...	11
2º Pendant le trajet..	14
3º A l'arrivée..	15

USAGES PARTICULIERS :

Corrélation des principales monnaies étrangères avec la monnaie française...	24
Correspondance { Service des postes.........................	29
{ Télégraphie électrique.....................	37
Voitures publiques..	40
Omnibus	42
Ambassades..	43
Police..	45
Usages divers, pourboires etc.................................	47
Théatres impériaux..	50
Théatres de Comédie et de Vaudeville..........................	54
Théatres de Drame...	56
Théatres équestres..	62
Théatres d'enfants..	63
Théatres de prestidigitation et de physiques amusantes........	63
Concerts et cafés-concerts....................................	64
Bals publics..	65

CURIOSITÉS DE SÉJOUR :

Palais..	67
Grands établissement publics..................................	73
Musées..	77
Bibliothèques...	80
Églises...	82
Places..	85
Jardins et Promenades...	86

MAISONS RECOMMANDÉES :

Paris-Utile. — Paris-Élégant. — Paris-Toilette.
Paris-Gastronome. — Paris-Santé

ARRIVÉE EN FRANCE

Cinq grandes lignes de chemins de fer conduisent à Paris le voyageur : celles de l'*Ouest*, d'*Orléans*, de *Lyon-Méditerranée*, de l'*Est* et du *Nord*.

La ligne de l'*Ouest*, par le Havre, Dieppe, Cherbourg, Honfleur, Brest, Saint-Malo, dessert l'Angleterre et, par suite, les États-Unis.

La ligne d'*Orléans* et du *Midi*, d'une part, par Bordeaux, Rochefort, la Rochelle, Saint-Nazaire, Nantes, têtes des lignes maritimes transatlantiques, et par les voies de Toulouse, de Bayonne et de Madrid, de l'autre, amène à Paris les voyageurs de l'Amérique du Sud et de l'Espagne.

La ligne de la Méditerranée, se continuant par celle de Lyon, s'ouvre aux voyageurs de Suisse et d'Italie par Marseille, Nice, Grenoble et Genève.

La ligne de l'*Est* est le trait d'union de Paris avec l'Allemagne et l'Europe orientale, par Strasbourg, Mulhouse, Sarreguemines, Forbach, Luxembourg.

La ligne du *Nord*, enfin, est à la fois le chemin de l'Angleterre, par Boulogne-sur-Mer, Calais, Dunkerque, et celui de l'Europe septentrionale, par Lille, Givet et Bruxelles.

En général, deux trains rapides (*express* et *poste*) conduisent chaque jour les voyageurs des différentes frontières à Paris; mais d'autres trains, plus lents et par suite moins coûteux, sont à la disposition des personnes moins pressées ou moins riches.

RENSEIGNEMENTS GÉNÉRAUX

I

AVANT LE DÉPART

PASSEPORT. — L'obligation du passeport, supprimée par conventions diplomatiques pour la Belgique, la Grande-Bretagne, les Pays-Bas, la Suède et la Norwége, subsiste pour tous les autres pays. Les voyageurs des différentes nationalités qui sont tenus de produire à la frontière leur titre de voyage, doivent donc, avant leur départ, faire viser et légaliser cette pièce au ministère des affaires étrangères. En cas de contestation avec les autorités françaises, ils adresseront leurs réclamations et leurs explications à l'ambassade ou à la légation de leur pays. Le passeport est la lettre d'introduction presque obligée.

Quant aux nationaux des pays où le *visa* diplomatique n'est plus obligé, ils feront bien, cependant, dans leur intérêt, de se munir d'une pièce *authentique* qui puisse, à l'occasion, faire reconnaître et constater leur identité.

Nous donnons plus loin la liste et l'adresse des ambassades et légations étrangères à Paris.

DOUANE. — A l'arrivée à la frontière, — ou pendant le

voyage pour certains trains et transports directs, — les bagages des voyageurs sont soumis à la visite des agents des douanes. Les droits fiscaux sont si nombreux et si variables qu'il est impossible de donner ici la nomenclature détaillée des objets qu'ils atteignent et des sommes auxquelles ils sont susceptibles de s'élever. C'est souvent matière d'appréciation plus que de tarif.

Aussi, en matière de perception douanière, n'y a-t-il qu'un conseil à donner : déclarer la valeur exacte de l'objet soumis aux droits. Si la déclaration semble au douanier trop inférieure à la valeur réelle, il a, en effet, la faculté de prendre l'objet estimé, en payant 10 pour 100 en sus du prix déclaré.

Nota. Les ~~objets~~ *neufs* sont seuls sujets aux droits.

BILLET ~~DE~~ CHEMINS DE FER. — La distribution des billets commence dans les grandes gares trente minutes et dans les autres gares quinze minutes avant l'heure réglementaire du départ des trains : elle cesse au plus tôt, dans les grandes stations, quinze minutes et, dans les autres stations, cinq minutes avant l'heure réglementaire du départ des trains.

Les billets ne peuvent servir que pour les trains pour lesquels ils ont été délivrés.

Les billets doivent être représentés à toute réquisition des agents des Compagnies.

Tout voyageur qui ne peut présenter son billet à l'arrivée, doit solder, avant de sortir de la station, le prix de la place qu'il a occupée : le prix à payer est celui de la classe du compartiment dans lequel le voyageur était placé et du plus long parcours du train, depuis la dernière station où un contrôle général a été opéré, à moins que, par un bulletin de bagages, ou par tout autre moyen, le voyageur ne puisse justifier de son point de départ, auquel cas il ne paie qu'à partir de ce point.

Enfants. — Au-dessous de trois ans, les enfants ne paient rien, à la condition d'être portés sur les genoux des personnes qui les accompagnent. De trois à sept ans, les enfants paient demi-place et ont droit à une place distincte ; toutefois, dans un même compartiment, deux enfants ne pourront occuper que la place d'un voyageur.

Au-dessus de sept ans, les enfants paient place entière.

BAGAGES. — Chaque voyageur a droit au transport *franco* de 30^k de bagages. Cette franchise ne s'applique pas aux enfants transportés gratuitement, et elle est réduite à 20^k pour les enfants transportés à moitié prix. — Tous les bagages, sans distinction, doivent être soumis au pesage et à l'enregistrement, et être chargés dans les fourgons.

Toutefois, les voyageurs peuvent conserver avec eux dans les voitures les objets de nature à ne causer aucune gêne aux autres voyageurs, tels que sacs de nuit, couvertures, petits paquets et autres menus objets à la main, dont les dimensions ne dépassent pas le maximum ainsi fixé : 1re classe, longueur, 0^m50^c, largeur, 0^m50^c, hauteur, 0^m20^c ; 2e et 3e classe, longueur, 0^m45^c, largeur, 0^m45^c, hauteur, 0^m20^c.

Sur les chemins de fer belges, il n'est alloué aucune franchise de poids ; néanmoins, les voyageurs peuvent garder dans les voitures le bagage dont le volume ne cause aucun embarras. — On peut faire assurer ses bagages moyennant un droit de 0^f10^c par 100^f. Néanmoins, sur toutes les lignes de la Belgique, les voyageurs porteurs de billets directs provenant ou en destination de la France ont droit, sur tout le parcours, au transport gratuit de 25^k de bagages. Les billets d'enfants donnent droit à la même franchise.

Les *excédants de bagages* sont taxés à raison de 0^f50^c par $1,000^k$ et par kilomètre (soit, par kilomètre, 0^f0005 le kilogramme) pour les expéditions de 1 à 40^k, et à raison de 0^f40^c pour celles au-dessus de 40^k.

CONSIGNATION ET DÉPÔT DE BAGAGES. — Il est perçu pour la garde des bagages déposés dans les gares sous la responsabilité de la Compagnie, soit avant le départ, soit après l'arrivée des trains, un droit de 0^f 25^c par article et par jour. Le minimum de perception est fixé à 0^f 10^c.

Les bagages présentés à l'enregistrement après la fermeture du bureau sont expédiés, au choix des voyageurs, en grande ou en petite vitesse, et sont taxés, *pour leur poids intégral*, soit d'après le tarif général des articles de messagerie et marchandises à grande vitesse, soit d'après le tarif général des marchandises à petite vitesse, première série. Dans ce dernier cas, le voyageur aura à payer, en outre du transport de ses bagages par chemin de fer, le prix du camionnage de la gare des voyageurs à la gare des marchandises, lorsque le service de la grande vitesse et celui de la petite vitesse ne se trouveront pas réunis dans la même gare.

Sont exempts de tous droits de garde et de dépôt les bagages des voyageurs forcés de s'arrêter dans les gares de bifurcation pour attendre le départ du train qui doit les conduire à destination.

FACTAGE. — *Le service des facteurs dans la gare est entièrement gratuit...* Voilà ce que disent de nombreuses affiches. Néanmoins, il est d'usage de donner une légère gratification aux hommes qui transportent les bagages.

II

PENDANT LE TRAJET

RÉCLAMATIONS ET PLAINTES. — Dans toutes les stations du chemin de fer, le voyageur, en cas de réclamations de sa part, devra s'adresser au chef de train ; et s'il n'obtient pas satisfaction, à un employé du gouvernement chargé spécialement de recevoir les plaintes qui lui seront adressées. Ces plaintes, une fois reçues, sont, par l'intermédiaire de cet employé, *commissaire impérial sur la ligne,* transmises à qui de droit.

Un registre spécial est déposé à cet effet dans toutes les gares, et doit, à toute réquisition, être mis à la disposition du voyageur.

Besoins divers. — Le parcours sur la ligne du Nord est souvent assez long pour que le voyageur soit exposé à des besoins pressants.

A qui veut manger, les buffets offrent des ressources variées et abondantes, mais souvent coûteuses.

Les buvettes, placées à côté des buffets, offrent moins de variétés dans les mets et les rafraîchissements, mais tout y est moins cher.

Il est encore certain détail qu'il pourra paraître ridicule et même d'un goût hasardeux, de signaler. Cependant l'intérêt du voyageur doit passer avant une exagération de délicatesse; c'est pourquoi nous dirons que, dans toutes les gares, se trouvent des cabinets particuliers, réservés à chaque sexe, avec l'indication bien apparente : Côté des hommes. — Côté des dames.

III

A L'ARRIVÉE

Une fois arrivé à Paris, à la gare, le voyageur devra d'abord retirer ses bagages qui lui seront remis contre le bulletin qui a été délivré au lieu de son embarquement. Il devra ouvrir ses malles, boîtes et cartons pour l'inspection de la douane et payer les droits qui lui seront réclamés.

Dans le cas où quelques colis auraient été égarés, il faut aller faire sa réclamation dans un bureau portant l'indication : *Bureau des réclamations,* où l'on reçoit toutes les plaintes des voyageurs.

Pour se rendre au logement qu'il aura choisi, le voyageur peut à son choix, prendre soit un omnibus à itinéraire régulier entre la gare et les bureaux situés dans l'intérieur de Paris, soit une voiture appelée omnibus de famille; soit une voiture de place.

S'il préfère se rendre à pied à son domicile, il trouvera aussi, dans certaines gares, des commissionnaires médaillés et assermentés qui porteront ses bagages, suivant tarifs variables indiqués plus loin.

Les tarifs varient également, suivant les chemins de fer, pour les transports en omnibus à itinéraire régulier et en omnibus de famille.

Voici, pour chaque gare de Paris, ces tarifs :

CHEMIN DE FER DE L'OUEST

1° *Gare Saint-Lazare* (rive droite).

Omnibus à itinéraire régulier, allant à :

Bonne-Nouvelle, impasse des Filles-Dieu, au coin du Bazar et rue de l'Échiquier. . . .
Pointe Sainte-Eustache. . . .
Saint-André-des-Arts. . . . .
Place du Châtelet. . . . . . .
Place de la Bourse. . . . . .
} 0^{f}25^c par voyageur.

2° *Gare de Montparnasse* (rive gauche).

Omnibus à itinéraire régulier, allant à :

Place de la Bourse. . . . . .
Place du Palais-Royal. . . .
Rue Saint-Martin, 326. . . .
Rue Bourtibourg, 4. . . . . .
Place St-André-des-Arts, 9. .
Rue Royale Saint-Honoré. .
} 0^{f}30^c par voyageur.

Voitures de famille. — 1° *Tarif spécial* à la gare Montparnasse, destiné à conduire à domicile les voyageurs arrivant par la ligne de Bretagne.

Tarif par course. — De 1 à 2 voyageurs, 2f.

Au-dessus de 2 voyageurs (par place), 1f.

Transport gratuit de 30 kilogrammes de bagages.

Au-dessus de 30 kilog., 0,20c. par fraction indivisible de 10 kilogrammes.

Location de la voiture entière, quelque soit le nombre des voyageurs (1 à 7), et lorsqu'il s'agit d'un seul domicile, de 6h du matin à minuit, 5 fr. ; la nuit, 6 fr.

2° *Service spécial* destiné à aller prendre en ville les voyageurs qui désireraient se faire conduire avec leurs bagages à l'une des deux gares de la Compagnie, de 1 à 7 voyageurs.

Tarif. De 6 heures du matin à minuit. 5 fr.
La nuit. . . . . 6 fr.

Les commandes de Voitures de familles pour aller prendre en ville sont reçues à la gare Montparnasse et à la gare Saint-Lazare (bureau du Contrôle des omnibus, ainsi que dans tous les bureaux succursales de la Compagnie indiqués ci-dessus).

Elles doivent être faites au moins 12 heures à l'avance.

N. B. — Pour les courses au delà des fortifications, le prix se traite de gré à gré.

CHEMIN DE FER D'ORLÉANS

GARE DU BOULEVARD DE L'HOPITAL

Omnibus à itinéraire régulier, allant:
Rue Saint-Honoré, 130.
Rue de Grenelle Saint-Honoré, 18.

Rue Notre-Dame des Victoires, 28.
Rue de Londres, 8.
Rue Le Pelletier, 5.
Rue Notre-Dame de Nazareth, 30.
Rue de Babylone, 7.
Place Saint-Sulpice.
Place de la Madeleine.

Par voyageur : 0ᶠ30ᶜ, de 6ʰ du matin à minuit ; 0ᶠ60ᶜ, de minuit à 6ʰ du matin.

Les *bagages* se paient en plus : au-dessous de 30 kil., 0ᶠ25ᶜ, de 6ʰ du matin à minuit ; 0ᶠ50ᶜ, de minuit à 6ʰ du matin ; — de 30 à 60 kil., 0ᶠ50ᶜ, de 6ʰ du matin à minuit ; 0ᶠ75ᶜ, de minuit à 6ʰ.

VOITURES DE FAMILLE. — 1° Omnibus à 7 places et à un cheval, par course :

De 1 à 3 voyageurs, dans les anciennes limites de Paris, avant minuit, 4ᶠ ; hors des anciennes limites de Paris, avant minuit, 5ᶠ ; dans les anciennes limites de Paris, après minuit, 5ᶠ ; hors des anciennes limites de Paris, après minuit, 6ᶠ.

Au-dessus de 3 voyageurs, 0ᶠ50ᶜ par place.

Bagages : 0ᶠ01ᶜ par kilogramme au-dessus de 150 kilogrammes.

2° Omnibus à 18 places et à 2 chevaux, par course, quelque soit le nombre des voyageurs :

Dans les anciennes limites de Paris, avant minuit, 8ᶠ ; après minuit, 10ᶠ ; hors des anciennes limites de Paris, avant minuit, 10ᶠ ; après minuit, 12ᶠ.

CHEMINS DE FER DE LYON & DE LA MÉDITERRANÉE

GARE BOULEVARD MAZAS

Omnibus à itinéraire régulier, allant :

Rue de Rambuteau 6.
Rue Coq-Héron, 6.

Place Saint-Sulpice.
Rue Neuve des Mathurins, 44.
Rue Rossini, 1.
Boulevard de Strasbourg, 5 et 7.

Par voyageur ayant 10 kilogr. de bagages, 0ʳ30ᶜ, de 6ʰ du matin à minuit ; 0ʳ50ᶜ, de minuit à 6ʰ du matin.

Par voyageur ayant de 10 à 30 kil. de bagages : 0ʳ60ᶜ, de 6ʰ du matin à minuit; 1ʳ, de minuit à 6ʰ du matin.

Voitures de famille. — Omnibus à 6 et 8 places, conduisant le voyageur à domicile et circulant dans Paris (anciennes barrières), moyennant les prix suivants :

De 6ʰ du matin à minuit, de 1 à 3 voyageurs, 3ʳ ; au-dessus de 3 voyageurs, par place, 1ʳ.

De minuit à 6ʰ du matin, de 1 à 3 voyageurs, 4ʳ ; au-dessus de 3 voyageurs, par place, 1ʳ.

Si l'on veut se rendre à Montmartre, la Chapelle, la Villette, Belleville, Ménilmontant, Bercy et Ivry-Paris, les prix augmentent ainsi qu'il suit :

De 6ʰ du matin à minuit. — De 1 à 3 voyageurs, 4ʳ. Au dessus, par place, 1ʳ.

De minuit à 6ʰ du matin. — De 1 à 3 voyageurs, 5ʳ. Au dessus, par place, 1ʳ.

Pour Montrouge-Paris, les Ternes, Vaugirard, Grenelle, Neuilly-Paris, Auteuil, Passy et Batignolles, il y a encore augmentation de prix. Ainsi :

De 6ʰ du matin à minuit. — De 1 à 3 voyageurs, 5ʳ. Au-dessus de 3, par place, 1ʳ.

De minuit à 6ʰ du matin. — De 1 à 3 voyageurs, 6ʳ. Au-dessus de 3, par place, 1ʳ.

Ces omnibus, qui ne marchent qu'à la course et non à l'heure, comme des fiacres, transportent sans augmentation de prix les bagages des voyageurs jusqu'à concurrence de 60 kil. pour 1 à 3 personnes; de 100 kil. pour 4 à 5 personnes; de 160 kil. pour 6 à 8 personnes.

Le surplus du poids des bagages se paie à raison de 0,01° par kilogramme.

Commissionnaires. — Si l'on veut aller à pied à son domicile, DES COMMISSIONNAIRES OU SOUS-FACTEURS portent les bagages à des prix fixés d'avance, affichés dans l'intérieur de la gare, et variant suivant les distances et le nombre d'hommes employés, de 0f50° à 4f.

CHEMIN DE FER DE L'EST

GARE DE LA PLACE DE STRASBOURG

Omnibus à itinéraire régulier, allant :
  Rue du Bouloi, 9.
  Boulevard Sébastopol, 34.
  Place de la Bastille.
  Place Saint-Sulpice.
  Boulevard des Italiens (Grand-Hôtel).

Par voyageur : 0f30°, de 6h du matin à minuit; 0f60°, de minuit à 6h du matin.

Chaque personne paie pour ses *bagages* : 0f25° par fraction indivisible de 30 kil. pendant le jour, et 0f50° pour le même poids, la nuit.

VOITURES DE FAMILLE. — 1° A un seul cheval, de 1 à 6 personnes ; 2° à deux chevaux, de 1 à 14 voyageurs.

Pour les voitures à un seul cheval, de 1 à 3 personnes, la course, 3f; chaque place au-dessus de 3, 1f.

Omnibus à 2 chevaux, la course, 8f.

Franchise pour les bagages, 100 kil.; au-dessus de ce poids, 0,01° par kil.

CHEMIN DE FER DU NORD

GARE DE LA PLACE ROUBAIX

Omnibus à itinéraire régulier, allant:
  Rue de Rivoli, 228.
  Rue de Rivoli, 170.
  Rue Saint-Honoré, 223.
  Rue de l'Arcade, 17.
  Boulevard des Capucines.
  Rue Saint-Honoré, 211.
  Boulevard Sébastopol, 33.
  Place de la Bourse, 6.
  Rue Saint-Martin, 326.
  Rue Bonaparte, 59.
  Rue Aubry-le-Boucher, 24.
  Par voyageur : de 6ʰ du matin à minuit, 0ᶠ30ᶜ; de minuit à 6ʰ du matin, 0ᶠ60ᶜ.

Voitures de famille. — Omnibus à 7 places, de 1 à 2 personnes, 2ᶠ; de 3 à 4 personnes, 3ᶠ; de 5 à 7 personnes, 5ᶠ; omnibus à 12 places, de 1 à 3 personnes, 3ᶠ; de 4 à 7 personnes, 5ᶠ; de 8 à 12 personnes, 8ᶠ; *bagages* : 0ᶠ30ᶜ par voyageur.

Les *Commissionnaires de la gare* portent les bagages suivant les distances et le poids des colis à des prix variant de 0ᶠ50ᶜ à 2ᶠ50ᶜ.

Voitures de place. — Dans toutes les gares, le voyageur trouve en débarquant, outre les omnibus des Compagnies, des voitures de place qui stationnent soit dans la cour de la gare, soit aux environs.

Il est prudent, quand on arrive à Paris, — pendant le temps que les employés mettent à classer les bagages avant de les remettre aux voyageurs, — d'aller retenir une voiture. Le cocher arrêté donne son numéro et va se placer dans l'endroit affecté spécialement aux voitures qui sont retenues. Le facteur qui porte les bagages, après la visite de l'octroi et de la douane, appelle le numéro de la voiture et n'a plus qu'à remettre ses colis au cocher.

Les voitures prises à la gare peuvent, s'il s'est écoulé *plus de dix minutes*, pour le classement et la délivrance des bagages, exiger des voyageurs le prix de l'heure au lieu de celui de la course.

Voir pour les prix et les renseignements divers relatifs aux *voitures* la section USAGES PARTICULIERS.

USAGES PARTICULIERS

———⸙———

S'il est un pays où l'Etranger ait besoin d'être guidé et soit à toute heure exposé à quelque contribution illicite, c'est, à coup sûr, Paris. D'un côté les industriels du pavé y abondent, cherchant qui dévorer, et s'abattant de préférence sur les proies d'apparence exotique. Premier péril. D'autre part, la France est un pays de centralisation et de règlementation; la majeure partie des services d'utilité générale sont aux mains de l'administration, au lieu d'être laissés à l'industrie privée : à chaque pas, l'étranger est donc exposé à se heurter contre un règlement public, à avoir affaire à des fonctionnaires, à se soumettre à des prescriptions et à des tarifs, à compter avec des monopoles. Et c'est un embarras sérieux que l'obligation de règles souvent mal connues pour des gens habitués au débat contradictoire de l'industrie libre.

Outre les renseignements exigés par ces conditions spéciales du séjour à Paris, il est besoin des indications matérielles, d'un usage constant dans les choses de la vie, et dont, en tout pays, l'étranger ne saurait se passer : tels sont les renseignements concernant la valeur relative des monnaies, le transport des dépêches, la locomotion, etc.

Voici à ces différents points de vue, les indications indispensables.

CORRÉLATION DES PRINCIPALES MONNAIES ÉTRANGÈRES AVEC LA MONNAIE FRANÇAISE

ANGLETERRE

Or.	Souverain.........................	25 fr. 12
Argent.	Couronne..........................	5 60
	Florin............................	2 24
	Shelling..........................	1 12
Billon.	Penny.............................	0 09

AUTRICHE

Or.	Krone	34 fr. 39
Argent.	Florin............................	2 45
	Simple thaler d'association.......	3 68

BADE (GRAND-DUCHÉ DE)

Or.	Ducat.............................	11 fr. 75
	Krone.............................	34 39
Argent.	Gulden............................	2 10
	Simple thaler d'association.......	3 68
Billon.	6 kreutzers.......................	0 18

BAVIÈRE

Or.	Krone.............................	34 fr 39
	Ducat.............................	11 75
Argent.	Thaler d'association..............	3 68
	Gulden............................	2 10
Billon.	6 kreutzers.......................	» 18

CONFÉDÉRATION GERMANIQUE

Suivant traité, en date du 24 janvier 1867, conclu entre les États allemands du Zollverein et de l'Autriche, pour l'établissement d'un système monétaire uniforme et la fabrication des monnaies communes, les États de la Confédération germanique, moins les Villes Anséatiques et les deux Mecklenbourg, sont divisés en trois zones monétaires :

Première zone

Argent. Thaler........................ 3 fr. 68

Deuxième zone
Argent. Florin............................ 2   45

Troisième zone
Argent. Florin............................ 2   10

A ces trois types vient se joindre la monnaie dite d'association ayant cours dans chaque Etat.

Or.   Couronne....................... 34 fr. 39
Argent.   Thaler.......................... 3   68

DANEMARCK

Or.   Christian....................... 20 fr. 90
            Frédéric........................ 20   32
Argent.   Rixdaler........................ 2   79
            16 schellings................... »   49
Billon.   4 schellings.................... »   17

ESPAGNE

Or.   Doublon......................... 25 fr. 95
Argent.   Duro............................ 5   15
            Escudo.......................... 2   57
            Peceta.......................... »   92
            Real............................ »   23

GRÈCE

Or.   Tassaræ-conta................... 35 fr. 65
            Scosi........................... 17   83
Argent.   Pente-drachme................... 4   40
            Drachme......................... »   88

HANOVRE

Or.   Krone........................... 34 fr. 39
Argent.   Thaler.......................... 3   68
            Simple thaler d'association..... 3   64

ROYAUME D'ITALIE

Même monnaie qu'en France.

EMPIRE OTTOMAN

Or.   Sequin.......................... 11 fr. 24
Argent.   Piastre......................... »   17

PAYS-BAS

Or.   Ducat........................... 11 fr. 74
            Guillaume....................... 10   79
Argent.   Rixdaler........................ 5   21
            Florin.......................... 2   08
            5 cents......................... »   10

TUNIS

Or.	5 piastres................	2 fr.	92
	25 —	15	01
	50 —	30	19
	100 —	69	29
Argent.	2 —	1	23

PORTUGAL

Or.	Couronne de 1.000 reis...........	5 fr.	59
	— 2.000 —	11	17
	— 5.000 —	29	94
	— 10.000 —	55	88
Argent.	Testons.................	2	52
	Reis................	»	50

PRUSSE

Or.	Frédéric..............	20 fr.	60
	Couronne..............	34	49
Argent.	Thaler...............	3	68
	Simple thaler d'association........	3	64

RUSSIE

Or......	Demi-impériale........	20 fr.	60
Argent.	Rouble de 100 kopecks..........	3	92
—	50 —	1	96
—	25 —	»	98
—	20 —	»	69
—	10 —	»	33
—	5 —	»	16

SAXE

Or.	Krone...	34 fr.	39
Argent.	Thaler...............	3	75
	Simple thaler d'association........	3	64

SUÈDE ET NORWÉGE

Or.	Ducat.................	11 fr.	66
Argent.	Rixdaler..............	5	61
	Species rixdaler........	5	58
	12 skillings................	»	56

SUISSE (CONFÉDÉRATION)

Même monnaie qu'en France.

WURTEMBERG

Or.	Ducat.................	11 fr.	75
	Krone.................	34	39
Argent.	Florin.................	4	21
	Golden................	2	10
	Thaler d'association...........	3	64
Billon.	6 kreutzers............	»	18

ÉGYPTE

Or.	400 piastres	102 fr. 13
	200 —	51 06
	100 —	25 53
	50 —	12 76
	25 —	6 33
Argent.	10 —	2 48
	5 —	1 24
	2 ½ piastres	» 62
	1 piastre	» 25

PERSE

Or.	Tomans	11 14
	Depempj-hazar-dinars	5 59
Argent.	Yeck-hazar-dinars	1 03
	Deh-schalis	» 51
	Pendj-schalis	» 25

ÉTATS-UNIS

Or.	Dollar	5 fr. 17
Argent.	100 cents	5 31
	Dime	» 53

MEXIQUE

Or.	Pistole	20 fr. 29
Argent.	Piastre	5 35
	1 réal ⅓ de piastre	» 66

BRÉSIL

Or.	20.000 reis	56 fr. 31
	10.000 —	28 15
	5.000 —	14 07
Argent.	2.000 —	5 15
	1.000 —	2 57
	500 —	1 28

RÉPUBLIQUE ARGENTINE

Or.	Pistole	20 fr. 13.5
Argent.	Piastre	5 35

BOLIVIE

Or.	Quadruple	81 fr. 19
Argent.	Piastre	5 35

CHILI

Or.	Quadruple	81 fr. 19
Argent.	Piastre de 100 cents	4 96
	Décime	» 49

ÉQUATEUR

Or.	Quadruple et ses divisions	81 fr. 19
Argent.	Piastre de 8 réaux	4 96

GUATÉMALA

Or.	Quadruple............................	81 fr. 19
Argent.	Piastre...............................	5 35

NOUVELLE-GRENADE

Or.	Quadruple........................	79 fr. 82
	Condor............................	50 27
Argent.	Piastre de 10 réaux, de 100 cents...	4 96
	Décime............................	» 49

PÉROU

Or.	Quadruple........................	81 fr. 19
Argent.	Piastre de 8 réaux................	5 35

URUGUAY

Argent.	Piastre forte à 10 1/2 deniers......	5 fr. 21

VÉNÉZUÉLA

Argent.	10 reales.........................	4 fr. 41

EMPIRE INDO-BRITANNIQUE

Or.	Mohur............................	36 fr. 72
	Pagode............................	9 18
Argent.	Roupie............................	2 36

CORRESPONDANCE PAR LETTRE ET PAR DÉPÊCHE

Le transport des lettres et l'expédition des dépêches électriques constituent en France deux services publics : le service des postes et le service de la télégraphie.

SERVICE DES POSTES

Le transport des lettres, feuilles à la main, journaux, écrits périodiques, papiers et paquets, du poids d'un kilogramme et au dessous, appartient, à l'exclusion de tous autres, à l'Administration générale des Postes dont l'Hôtel est situé à Paris, rue Jean-Jacques-Rousseau, n° 9.

Les contraventions aux lois sur le monopole des Postes peuvent donner lieu à des condamnations, à une amende de 150 à 300 francs et à l'affichage du jugement aux frais du délinquant.

On contrevient aux règlements des Postes en insérant soit dans les paquets, livres, journaux, feuilles périodiques et autres, des notes pouvant tenir lieu de correspondance ou de véritables lettres, soit en mettant dans des lettres jetées à la poste de l'argent ou des valeurs non déclarées.

Transport des lettres en France. — Voici la taxe des lettres circulant dans l'intérieur de la France, y compris l'Algérie, de bureau à bureau :

POIDS	AFFRANCHIES	NON AFFRANCHIES
De 1 à 10 grammes inclusivement	0f.20	0f 30
De 10 à 20 grammes —	0 40	0 60
De 20 à 100 grammes —	0 80	1 20
De 100 à 200 grammes —	1 60	2 40
De 200 à 300 grammes —	2 40	3 60
Et ainsi de suite en ajoutant pour chaque 100 grammes ou fraction de 100 grammes	0 80	1 20

*Taxe des lettres de Paris pour **Paris***

De 1 à 15 grammes inclusivement		0ᶠʳ 10	0ᶠʳ 15
De 15 à 30 — —		0 20	0 25
De 30 à 60 — —		0 30	0 35
De 60 à 90 — —		0 40	0 45
De 90 à 120 — —		0 50	0 55

Et en suivant, on ajoute pour 30 gram. ou fraction de 30 grammes 10 centimes pour toutes les lettres affranchies ou non.

Outre les lettres ordinaires, l'Administration des Postes transporte de l'argent, des papiers d'affaires, etc., et, pour donner à l'expéditeur une garantie sérieuse, elle met à sa disposition deux moyens : le *chargement* et la *déclaration*.

Les *lettres chargées* sont des lettres dans lesquelles l'expéditeur met soit des billets, soit des papiers, soit des valeurs quelconques, soit une simple missive que l'Administration des Postes se charge, moyennant un supplément de taxe, de faire parvenir à leur destination et pour lesquelles, en cas de perte, elle paie une indemnité de 50 francs, à moins que les valeurs qu'elle renferme n'aient été déclarées par écrit sur l'enveloppe.

La lettre chargée doit être mise sous une enveloppe cachetée en quatre ou cinq endroits d'un scel particulier à l'expéditeur; elles doivent être présentées affranchies à l'avance et proportionnellement à leur poids et à leur destination.

Le droit de chargement est, *outre l'affranchissement*, de 20 centimes par lettre.

L'employé qui les reçoit en donne un reçu au déposant; et elles ne sont délivrées aux destinataires que sur un reçu écrit sur un registre que le facteur leur présente.

On peut également, moyennant un supplément de 10 centimes payé d'avance, demander qu'il vous soit donné avis de la remise de l'objet au destinataire.

La *déclaration* s'applique au transport des valeurs au porteur et des objets précieux.

L'expéditeur qui veut s'assurer, en cas de perte, sauf le cas de force majeure, le remboursement des *valeurs au porteur* insérées dans une lettre chargée, doit, comme nous l'avons indiqué plus haut, écrire sur l'enveloppe, en tête de l'adresse *et en toutes lettres* la déclaration des valeurs contenues qui ne peuvent excéder deux mille francs.

Cette déclaration doit être écrite à l'avance, *hors du bureau*, et ne contenir ni *surcharges*, ni *ratures*.

Outre le port et le droit de chargement, les valeurs déclarées paient 10 centimes par 100 francs ou fraction de 100 francs.

Les objets précieux soumis à la déclaration constituent les *valeurs cotées*. Ces objets ne peuvent être d'une valeur inférieure à 30 francs ni supérieure à 1,000 francs. Elles paient, outre le droit de 1 % de leur valeur, un droit fixe de 20 centimes pour le timbre de la reconnaissance de l'objet, délivrée à l'expéditeur.

Ces objets sont renfermés en présence du receveur des Postes dans des boîtes ou étuis ayant au plus 10 centimètres de longueur, 8 centimètres de largeur, 5 centimètres d'épaisseur, et ne doivent jamais, contenant et contenu, dépasser le poids de 300 grammes.

En cas de perte, l'Administration tient compte du montant de l'estimation des valeurs cotées.

Articles d'argent. — La poste se charge, moyennant un droit de 1 pour %, du transport des sommes d'argent déposées dans ses bureaux. En échange, il est remis aux déposants des mandats qu'ils expédient, ordinairement par lettre chargée, aux destinataires, qui peuvent se faire payer dans tous les bureaux de l'Empire français et de l'Algérie.

Des envois d'argent peuvent être également reçus à destination de l'Italie et de la Suisse, jusqu'à concurrence de 200 francs dans certains bureaux de la France et de l'Algérie, dont on trouvera la nomenclature dans tous les bureaux de poste.

Au-dessus de 10 francs, les mandats supportent, outre le droit de 1 pour %, un droit de timbre de 20 centimes.

Timbres-Poste. — Les lettres s'affranchissent au moyen de petits carrés de papier gommés d'un côté et présentant de l'autre une effigie de l'Empereur, avec l'énonciation, en chiffres, de leur valeur.

Ces timbres-poste, qu'on trouve dans tous les bureaux de poste, dans tous les débits de tabac et chez tous les boîtiers de l'administration, représentent huit valeurs différentes ; il y en a de : 1, 2, 4, 5, 10, 20, 40 et 80 centimes.

Pour affranchir une lettre, il suffit de mouiller légèrement la partie gommée du timbre-poste et de l'appliquer au haut de la suscription, à droite de la lettre.

Heures d'ouverture des bureaux. — C'est à l'Hôtel des Postes, rue Jean-Jacques-Rousseau, qu'il faut s'adresser (de 8 heures du matin à 8 heures du soir, les jours ordinaires, et 5 heures du soir, les dimanches et fêtes), pour retirer les lettres qu'on se fait adresser *bureau restant*.

La réception des affranchissements, chargements de lettres, déclaration de valeurs cotées, se fait pendant le même temps ; toutefois, les lettres chargées, et celles que l'on veut faire partir par le courrier du soir, **ne seront pas reçues après 4 h. 45 m. du soir**.

La caisse, pour les dépôts et paiements d'argent, est ouverte de 9 heures du matin à 6 heures du soir, les jours ordinaires, et, les dimanches et fêtes, de 9 heures à 2 heures du soir.

Le bureau des réclamations est ouvert, de 9 heures du matin à 5 heures du soir, les jours ordinaires, et, les dimanches et jours de fêtes, de 9 heures à 2 heures.

Outre les bureaux de l'Hôtel des Postes, il y a encore à Paris, dans les vingt arrondissements, d'autres bureaux principaux ou supplémentaires, et, de plus, chez beaucoup de débitants de tabac, des boîtes où l'on peut jeter les lettres.

Il y a sept levées des boîtes aux lettres par jour. — La première a lieu le matin, à 4 h. 30 m., à l'Hôtel des Postes ;

Les six autres, faites en général de deux heures en deux heures, commencent à 7 heures du matin pour les boîtes de quartier,

                7 h. 30 m. pour les bureaux,
                8   30   pour l'Hôtel des Postes.

Elles se terminent à 5 heures du soir aux boîtes du quartier ; — 5 h. 30 m., 5 h. 45 m. et 6 heures du soir, pour les autres bureaux, selon qu'ils sont plus ou moins rapprochés de l'Hôtel des Postes, où la dernière levée a lieu à 6 heures.

Levées exceptionnelles avec taxes supplémentaires. — De 5 h. 45 m. à 6 heures du soir, moyennant 20 centimes en plus par lettre, et de 6 heures à 6 h. 15 m. du soir, moyennant 10 centimes par lettre, aux bureaux situés : n° 1, rue Tirechappe ; n° 83, boulevard Beaumarchais ; n° 4, rue des Vieilles-Haudriettes ; n° 22, rue du Cardinal-Lemoine ; n° 21, rue Bonaparte ; n° 56, rue Saint-Dominique-Saint-Germain ; n° 28, place de la Madeleine ; n° 21, rue du Helder ; n° 11, rue Saint-Lazare ; n° 21, rue d'Enghien.

De 6 heures à 6 h. 15 m. (par lettre, 20 centimes en plus) ; et de 6 h. 15 m. du soir à 6 h. 30 m. (par lettre, 40 centimes en plus), aux bureaux situés : n° 202, rue Saint-Honoré ; n° 14, place de la Bourse ; n° 28, rue de Cléry ; Hôtel des Postes.

De 6 h. 30 m. à 7 heures du soir (par lettre, 60 centimes), à l'Hôtel des Postes. En outre, 5 levées spéciales ont lieu, avant le départ des trains-poste, aux bureaux situés auprès des gares de chemins de fer.

Distribution des lettres. — Il y a autant de distributions de lettres que de levées, c'est-à-dire 7 ; seulement, la 6e et la 7e n'ont pas lieu le dimanche et les jours fériés.

La 1re distribution, de 7 à 9 heures du matin, comprend les lettres des départements et de l'étranger arrivées à Paris le matin et celles recueillies à Paris la veille, à la 7e levée, et le matin, à la levée de 4 h. 30 m. du matin.

La 2e distribution, de 9 heures à 10 h. 30 m. du matin, comprend les lettres recueillies à la 1re levée, à Paris, et celles venant d'Algérie.

La 3e distribution, de 11 h. 30 m. du matin à une heure de l'après-midi, donne les lettres recueillies à la 2e levée, et celles venues de la province et de la banlieue.

La 4ᵉ distribution, de 1 h. 30 m. à 3 heures du soir, comprend les lettres de la 3ᵉ levée, et celles venues de la province et de la banlieue.

La 5ᵉ distribution, de 3 h. 30 m. à 5 heures du soir, donne les lettres de la 4ᵉ levée, et celles de la province et de la banlieue.

La 6ᵉ distribution, de 5 h. 30 m. à 7 heures du soir, fait la remise des lettres de la 5ᵉ levée, ainsi que des correspondances de la province et de la banlieue.

La 7ᵉ distribution, de 7 heures à 9 heures du soir, se compose des lettres de la 6 levée, et des correspondances de la province et de la banlieue.

Transport des lettres pour l'étranger et les colonies. — Les correspondances pour les colonies et l'étranger sont reçues, en France, aux mêmes boîtes et aux mêmes bureaux que les lettres pour l'intérieur; on peut les jeter à la poste tous les jours, quel que soit le jour où elles seront expédiées.

L'affranchissement des correspondances ci-dessus est obligatoire (lettres chargées et valeurs déclarées) ou facultatif. Les lettres ordinaires peuvent être affranchies, soit en numéraire, soit en timbres-poste. Dans le premier cas, la responsabilité de l'affranchissement incombe aux agents de l'administration; dans le second, l'affranchissement en timbres-poste a lieu aux risques et périls de l'envoyeur (le poids des timbres-poste compte pour la taxe de la lettre).

Une lettre insuffisamment affranchie est, si l'affranchissement est facultatif, envoyée à l'étranger comme non affranchie; si l'affranchissement est obligatoire, elle tombe en rebut.

Les lettres chargées, pour les colonies et l'étranger, ne peuvent être affranchies qu'aux bureaux de poste; les conditions de chargement et autres sont les mêmes, excepté sous le rapport du tarif, que celles exigées pour les lettres chargées circulant dans l'intérieur de l'Empire français.

Il ne peut être expédié de lettres chargées que pour les pays pour lesquels l'affranchissement est possible, jusqu'à destination (les Etats-Unis exceptés).

Les seuls pays pour lesquels il puisse être expédié de France des lettres chargées avec déclaration de valeurs, sont le royaume de Bavière et les pays directement desservis par les postes prussiennes ou les postes de la Tour et Taxis, comme : le royaume de Prusse ; — la principauté de Birkenfeld ; — les duchés d'Anhalt ; — la principauté de Waldeck ; — Allstedt (grand-duché de Saxe-Weimar) ; — Ebelen, Greussen, Grass-Keula et Sondershausen (principauté de Schwarzbourg-Sondershausen) ; — Frankenhausen et Schlotheim (principauté de Schwarzbourg-Rudolstadt).

La Hesse grand-ducale ; — les duchés de Saxe-Cobourg et de Saxe-Meiningen-Hildbourghausen ; — les principautés de Hesse-Hombourg et Schwarzbourg-Rudolstadt (moins Frankenhausen et Schlotheim) ; — Francfort-sur-le-Mein ; la Hesse électorale ; — le grand-duché de Saxe-Weimar-Eisenach (moins Allstedt) ; — le duché de Saxe-Gotha ; — les principautés de Lippe ; — les villes de Arnstadt, Gehren, Gross-Breitenbach, Hambourg, Lubeck et Bremen.

La Suisse et les Etats de l'Allemagne auxquels la Prusse et l'office de la Tour et Taxis servent comme :

Le royaume de Hanovre (annexé à la Prusse), le royaume de Saxe (annexé à la Prusse), les grands-duchés de Mecklembourg-Schwérin et Mecklembourg-Strélitz, le grand-duché d'Oldenbourg, le duché de Brunswick, le duché de Saxe-Altenbourg.

La déclaration, pour une seule lettre, de même que pour la France, ne peut excéder deux mille francs ; mais on peut envoyer autant de lettres de deux mille francs que l'on veut.

La déclaration des valeurs doit être exprimée à l'angle gauche du recto de l'enveloppe et énoncer, en langue française, et en toutes lettres, le montant des valeurs insérées. Comme pour les valeurs déclarées expédiées à l'intérieur de la France, la déclaration doit être écrite par l'expéditeur *lui-même* sans rature ni surcharge, sous peine de refus.

Les étrangers qui ne sauraient pas écrire le français pourront faire ainsi envoyer leurs valeurs par des nationaux qui les enverront en leur nom. Toute lettre contenant des valeurs déclarées supporte, outre la taxe des lettres chargées simples, un droit proportionnel de 20 centimes par 100 francs ou fraction de 100 francs, si elle est expédiée par l'intermédiaire de l'office prussien ou suisse, et 30 centimes, si c'est par l'intermédiaire de l'office de Bavière ou de la Tour et Taxis.

L'expéditeur peut aussi, moyennant 20 cent. payés d'avance se faire donner avis de la remise de la lettre au destinataire.

La Poste française se charge aussi des envois de fonds pour l'Algérie, l'Italie, la Suisse et la Belgique, et délivre des mandats qui sont payés aux destinataires dans les bureaux de poste de ces divers pays.

La taxe des lettres ordinaires et des échantillons de marchandises à destination des colonies et de l'étranger est toujours établie à raison du poids de ces objets. Il est expressément défendu d'insérer dans les lettres pour l'étranger des matières d'or ou d'argent, des bijoux ou effets précieux, ou tout autre objet passible de droits de douane.

Voici la taxe des lettres ordinaires pour les principaux pays étrangers ayant avec la France des communications régulières :

N. B. Le poids de la lettre ordinaire est de 10 grammes et pour les pays marqués d'un astérisque de 7 grammes et demi.

ALEXANDRIE (Egypte).	Affranchie à l'avance, 40 c.;	non affr.,		60 c.
AUSTRALIE............	Affr. obligatoire,	80 c.		
AUTRICHE............	Affr. à l'avance,	60 c.; non affr.,		80 c.
*BADE...............	—	30	—	40
BAVIÈRE.............	—	40	—	60
BELGIQUE............	—	30	—	50
*BRÉSIL.............	Affr. obligatoire,	80 c.		
BRUNSWICK...........	Affr. à l'avance,	50 c.; non affr.,	» fr.	60 c.
CANADA..............	—	80	—	1 10
CHINE...............	—	80	—	1 10
CONSTANTINOPLE.....	—	40	—	» 60
DANEMARK............	—	70	—	» 90
*ESPAGNE............	—	40	—	» 60
ETATS ROMAINS.......	—	50	—	» 80
*ETATS-UNIS.........	Affr. facultatif,	80 c.		
FRANCFORT...........	Affr. à l'avance,	» fr. 40 c.; non affr.,	» fr.	50 c.
*GRANDE-BRETAGNE...	—	» 40	—	» 80
GRÈCE...............	—	1 »	—	1 10
GUADELOUPE..........	—	» 50	—	» 60

GUYANE FRANÇAISE...	Affr. à l'avance,	» fr. 50 c.; non affr.	» fr. 60 c.
HAÏTI................	—	» 80	—	1 10
HANOVRE...........	—	» 50	—	» 60
HESSE...............	—	» 40	—	» 50
INDES...............	—	» 80	—	1 »
ITALIE..............	—	» 40	—	» 60
JAPON..............	—	» 80	—	1 »
JÉRUSALEM..........	—	» 40	—	» 60
*LUXEMBOURG........	Affr. facultatif,	40 c.
MEXIQUE...........	Affr. à l'avance,	80 c.; non affr.	1 fr. 10 c.
MOLDAVIE..........	Affr. facultatif,			1 fr. 10 c.
*NORWÉGE...........	—	1 20
PARAGUAY..........	Affr. à l'avance,	80 c.; non affr.	1 fr. 10 c.
*PAYS-BAS...........	Affr. facultatif,	60 c.
PONDICHÉRY........	Affr. à l'avance,	» fr. 60 c.; non affr.	» fr. 70 c.
PORTUGAL..........	—	» 40	—	» 60
PRUSSE.............	—	» 50	—	» 60
RÉUNION...........	—	» 50	—	» 60
RUSSIE.............	—	» 80	—	1 20
*SAXE...............	—	» 50	—	» 60
*SUÈDE.............	Affr. facultatif, 1 fr.
SUISSE.............	Affr. à l'avance,	30 c.; non affr.	» 50 c.
VÉNÉZUÉLA.........	Affr. facultatif, 1 fr. 10 c.

TÉLÉGRAPHIE ÉLECTRIQUE

C'est là un moyen de correspondre plus rapide, plus sûr et plus commode que la poste, mais aussi plus coûteux. Les dépêches télégraphiques privées sont soumises à des taxes fixées par des lois spéciales et perçues au départ.

L'Administration peut toujours exiger que l'expéditeur d'une dépêche établisse son identité.

Dans la dépêche ne sont compris que les mots du corps de la lettre avec la signature de l'expéditeur, le nom et l'adresse du destinataire; l'indication de la date, de l'heure de la remise de la dépêche, et du bureau où elle a été déposée, ne compte pas: elle est gratuite et doit se faire d'office. Toute dépêche déposée à un bureau et retirée ensuite par l'expéditeur doit acquitter la taxe, moins toutefois le prix de l'estafette, s'il y avait lieu à en envoyer une.

Les télégrammes de nuit ne sont assujettis à aucune surtaxe, ils ne peuvent être envoyés que dans les bureaux de nuit.

Sont ouverts à toute heure de nuit et de jour dans Paris, les bureaux établis aux points ci-après :

1º Direction générale des lignes télégraphiques, au Ministère de l'Intérieur, 103, rue de Grenelle-Saint-Germain.
2º Place de la Bourse, 12.
3º Avenue des Champs-Élysées, 67.
4º Rue de Lyon, 57 et 59.

Sont ouverts, depuis 7 heures du matin, en été, et 8 heures en hiver, jusqu'à 9 heures du soir, les bureaux établis aux points ci-après :

1º rue Pagevin, Hôtel des Postes.
2º Hôtel du Louvre, rue de Rivoli, 166.
3º rue aux Ours, 32.
4º boulevard du Temple, 41.
5º rue des Vieilles-Haudriettes, 6.
6º Hôtel-de-Ville.
7º place Saint-Michel, 6.
8º Halle aux Vins, place Saint-Victor, 4.
9º rue des Saints-Pères, 31.
10º Palais du Sénat, rue de Vaugirard.
11º Palais du Corps législatif, rue de Bourgogne (**ouvert seulement pendant la session**).
12º rue Bertrand, 21.
13º Ecole militaire (pavillon de l'artillerie).
14º boulevard Malesherbes, 4.
15º rue Saint-Lazare, 126.
16º rue Lafayette, 35.
17º rue Sainte-Cécile, 2.
18º rue de Strasbourg, 8.
19º boulevard Saint-Denis, 16.
20º boulevard du Prince-Eugène, 134.
21º barrière du Trône, boulevard du Prince-Eugène, 283.
22º rue de Mâcon, 2, à Bercy.
23º Gobelins, route d'Italie, 6.
24º Montrouge, route d'Orléans, 8.
25º rue du Théâtre, 70, à Grenelle.
26º Grande-Rue, 97, à Vaugirard.
27º Auteuil, Grande-Rue, 10.
28º Passy, place de la Mairie, 4.
29º avenue de Clichy, 73, Batignolles-Clichy.
30º boulevard des Batignolles, 22, Batignolles-Monceaux.
31º boulevard Monceaux, 108.
32º Ternes, avenue de la Grande-Armée, 80.
33º boulevard Rochechouart, 48, à Montmartre.
34º la Chapelle, Grande-Rue, 102.
35º rue de Flandres, 43, à la Villette.
36º rue de Paris, 58, à Belleville.

Ouvert jusqu'à minuit et demi :

Le bureau du Grand-Hôtel, boulevard des Capucines, 16.

Ouverts jusqu'à minuit les bureaux ci-après :

1° place Roubaix, 24, gare du Nord.
2° rue de la Gare, gare d'Orléans.

Ouvert seulement jusqu'à 5 heures du soir en hiver, et à 6 heures du soir en été :

Le bureau télégraphique de la place Vendôme, 15.

Tarif des dépêches envoyées de Paris dans l'intérieur de Paris. — De un à vingt mots, adresse et signature comprises, droit fixe : 0 fr. 50 c.

Tarif pour l'intérieur de la France. — De un à vingt mots entre deux bureaux de la même ville ou du même département : 1 franc, plus 50 centimes par dizaine ou fraction de dizaine de mots.

De un à vingt mots entre deux bureaux de la France et de la Corse, situés dans des villes ou des départements différents : 2 francs, plus 1 franc par chaque dizaine ou fraction de dizaine de mot.

Tarif pour l'Algérie et la Tunisie. — Entre un bureau de la France continentale et un bureau de l'Algérie ou de la Tunisie :

Voie sous-marine : Algérie (par la Tunisie)................	8 fr.	»
Voie mixte ⎛ Alger (ville).........................	2	»
(poste et télégraphe) ⎨ Algérie (Alger excepté)...............	3	50
par Marseille ⎝ Tunisie...............................	4	50

plus 40 centimes pour frais de poste entre Marseille et l'Algérie.

Tarifs internationaux pour l'étranger

Pour la Bavière....................................	3 francs.
la Belgique....................................	3 —
le grand duché de Bade.....................	3 —
la Prusse ⎧ bureaux de l'Ouest du Weser et de la Werre.	3 —
⎩ bureaux de l'Est du Weser et de la Werre.	3 —

Pour la Suisse....................................	3 francs.
le grand-duché de Luxembourg....	3 —
l'Espagne et les îles Baléares.......................	4 —
l'Italie...	4 —
les États Romains.................................	5 —
le Portugal.......................................	5 —

plus moitié de ces prix (qui sont pour vingt mots) à raison de chaque dizaine ou fraction de dizaine de mots.

Taxes spéciales. — La taxe du collationnement est égale à la taxe de la dépêche, ainsi que celle de l'accusé de réception.

La copie d'une dépêche envoyée ou reçue se paie 50 centimes.

Pour une dépêche envoyée à plusieurs destinataires dans la même ville on prend autant de francs qu'il y a de destinataires, moins un.

Port à domicile. — *Dans le lieu d'arrivée,* gratuit.

Hors du lieu d'arrivée, on exige, outre le tarif, 40 centimes pour frais de poste, ainsi que pour l'affranchissement d'une lettre chargée, 30 centimes seulement, lorsque la dépêche est adressée poste restante.

Frais d'exprès... Le premier kilomètre.................	1 fr.	»
Les suivants.............................	»	50
Frais d'estafette. Par myriamètre	3	75

VOITURES PUBLIQUES

Deux espèces de voitures sont à la disposition du public : les voitures de remise et de place ou *fiacres à volonté* à deux et quatre places, et les *omnibus* à itinéraire fixe à vingt-six ou vingt-huit places.

Les voitures *à volonté* stationnent, soit sur la voie publique aux abords des théâtres, des gares, des places, soit sous des remises. Les voitures de remise sont souvent plus propres, mais toujours plus chères.

Voici le tarif maximum des voitures de place et voitures de remise chargeant sur la voie publique :

De 6 heures du matin en été et de 7 heures du matin en hiver à minuit 30 minutes : à 2 et 3 places, la course, 1 fr. 50 c.; l'heure, 2 fr. A 4 et 5 places, la course, 1 fr. 70 c.; l'heure, 2 fr. 25 c.

De minuit 30 minutes à 6 heures du matin en été et à 7 heures du matin en hiver : à 2 et 3 places, la course, 2 fr. 25 c.; l'heure, 2 fr. 50 c.; à 4 et 5 places, la course, 2 fr. 50 c.; l'heure, 2 fr. 75 c.,

Au delà des fortifications, de 6 heures du matin à minuit en été, et à 10 heures du soir en hiver, quand les voyageurs rentreront avec la voiture dans Paris : voitures à 2 et 3 places, 2 fr. 50 c.; à 4 et 5 places, 2 fr. 75 c. la course ou l'heure.

Quand les voyageurs quitteront la voiture hors des fortifications, il sera dû au cocher 1 fr. pour indemnité du retour.

Voitures de remise prises dans des lieux de remisage, de 6 heures du matin en été, et de 7 heures du matin en hiver, à minuit 30 minutes : à 2 et 3 places, la course, 1 fr. 80 c.; l'heure, 2 fr. 25 c.; à 4 et 5 places, la course, 2 fr.; l'heure, 2 fr. 50 c.; de minuit 30 minutes à 6 heures du matin en été, et à 7 heures en hiver : 3 fr. la course ou l'heure pour les voitures de toutes places : au delà des fortifications, de 6 heures du matin à minuit en été, et à 10 heures en hiver, quand les voyageurs rentreront avec la voiture dans Paris, 3 fr. la course ou l'heure pour les voitures de toutes places : indemnités de retour, quand les voyageurs quitteront la voiture hors des fortifications, 2 fr.

Pour le transport des bagages, dans lesquels ne sont pas compris les *cartons, sacs de voyage, valises, parapluies, cannes, épées* et généralement tous les *objets* que le voyageur peut porter *à la main*, on paiera au cocher :

Pour 1 colis, 0,25 c.

Pour 2 colis, 0,50 c.

Pour 3 colis et au-dessus, 0,75 c.

Il n'est dû aucune espèce de pourboire aux cochers; cependant il est d'usage de leur donner une petite gratification de *dix à vingt centimes* pour la course, et de *vingt-cinq à cinquante centimes* pour l'heure, quand ils ont été complaisants, ce qui est rare.

Toutes les fois que l'on prend une voiture à l'heure, on doit intégralement le prix de la première heure, quelle qu'ait été la durée de la course. Le temps excédant est payé proportionnellement.

Les cochers pris à l'heure ou à la course, avant minuit et demi, ne peuvent exiger que le prix fixé par les tarifs de jour, pour la course ou la première heure.

Dans le cas où on aurait une réclamation à faire, on devra s'adresser d'abord à un surveillant, nommé par le Préfet de la Seine, qui se tient dans un petit kiosque en bois, vitré, établi dans toute station de fiacres.

Quand il s'agit de réclamer contre un cocher de remise, on peut requérir l'aide d'un agent de police, lequel vous conduira chez le commissaire de police du quartier ; on peut aussi adresser une plainte au Préfet de police.

Avant de terminer ce qui a trait aux voitures de place et de remise, rappelons que le tarif sus-indiqué est le *tarif maximum* qui ne pourra jamais être *dépassé* par les loueurs, et qui doit être affiché dans l'intérieur de chaque voiture.

OMNIBUS

Ces voitures desservent 31 lignes différentes, qui sillonnent Paris dans tous les sens, de 8 heures du matin à 11 heures du soir, au moins, et qui prennent 30 centimes dans l'intérieur, et 15 centimes sur l'impériale, par chaque personne. Ces lignes correspondent généralement entre elles. On a droit, dans l'intérieur, à une correspondance pour le même prix. On doit avoir soin, en payant, de demander au conducteur un bulletin de correspondance. Le bulletin de correspondance, en paiement de la place, doit être remis au *bureau même* et *au conducteur* de la nouvelle voiture. On paie place entière pour les enfants au-dessus de quatre ans : on peut tenir sur ses genoux les enfants au-dessous de cet âge et ne rien payer pour eux.

Voici les lignes desservies par la Compagnie générale des omnibus :

A....... d'Auteuil au Palais-Royal.
AB..... de Passy à la place de la Bourse.
AC..... de la Petite-Villette aux Champs-Elysées.
AD..... du Château-d'Eau au pont de l'Alma.
AE..... de Vincennes aux Arts-et-Métiers.
AF..... de l'ancienne barrière de la Glacière à la place Laborde.
AG..... de Montrouge au chemin de fer de l'Est.
B....... de Chaillot à Saint-Laurent.
C....... de Courbevoie au Louvre.
D....... des Ternes au boulevard des Filles-du-Calvaire.
E....... de la Bastille à la Madeleine.
F....... de la Bastille aux Batignolles-Monceaux.
G....... des Batignolles au Jardin des Plantes.
H....... de Clichy à l'Odéon.
I....... de Montmartre à la Halle aux Vins.
J....... de l'anc. barrière des Martyrs à l'anc. barrière St-Jacques.
K....... de la Chapelle au Collège de France.
L....... de la Villette à Saint-Sulpice.
M....... de Belleville aux Ternes.
N....... de Belleville à la place des Victoires.
O....... de Ménilmontant à la Chaussée du Maine.
P....... de Charonne à la barrière Fontainebleau.
Q....... de la place du Trône au Palais-Royal.
R....... de la barrière Charenton à Saint-Philippe-du-Roule.
S....... de Bercy au Louvre.
T....... de la gare d'Ivry à la place Cadet.
U....... de la Maison-Blanche à la Pointe-Saint-Eustache.
V....... de l'ancienne barrière du Maine au chemin de fer du Nord.
X....... de Vaugirard à la place du Havre.
Y....... de Grenelle à la Porte-Saint-Martin.
Z....... de Grenelle à la Bastille.

Le public est admis à monter, soit aux bureaux, soit dans le parcours. Quand toutes les places sont prises, un écriteau portant le mot COMPLET est hissé à l'arrière de la voiture.

AMBASSADES

Voici les adresses des Légations des principales nations qui sont représentées à Paris, avec l'indication des heures d'ouverture des chancelleries et du prix des visas et légalisations de passeports :

Autriche, rue de Grenelle-Saint-Germain, 101. Ouvert de 1 à 3 heures. Visa, 5 fr.; légalisation, 6 fr.
Bade, rue Blanche, 62. Ouvert de 1 à 3 heures. Visa français, 5 fr.
Bavière, place de la Madeleine, 16. Ouvert de 1 à 3 heures. Visa gratis pour les Bavarois et les Français.

Belgique, rue du Faubourg-Saint-Honoré, 153. Ouvert de midi à 2 heures.
Brésil, rue de Berri, 47. Ouvert de midi à 3 heures. Visa gratis.
Brunswick (duché de), rue de Penthièvre, 19. La légation de Prusse est chargée de ses affaires.
République Argentine, rue de Berlin, 5. Ouvert de 1 à 3 heures.
Danemark, rue de l'Université, 37. Ouvert de 1 à 3 heures. Visa gratis.
Equateur, boulevard de Strasbourg, 19.
Espagne, quai d'Orsay, 25. Ouvert de 1 à 3 heures. Visa des passeports au Consulat général d'Espagne, boulevard Haussmann, 46, de 10 à 4 heures.
Etats Romains, rue de l'Université, 69. Ouvert de 11 à 1 heure. Visa, 3 fr., légalisation, 5 fr.
Etats-Unis d'Amérique, rue du Centre, 5 (avenue Friedland). Ouvert de 11 à 3 heures.
Grande-Bretagne, rue du Faubourg-Saint-Honoré, 39. Ouvert de 11 à 2 heures. Visa gratis.
Grèce, visa au Consulat général, rue Taitbout, 20.
Guatemala, rue Fortin, 3 (faubourg Saint-Honoré).
Haïti, rue Boissy-d'Anglas, 12. Visa gratis.
Hawai, avenue de la Reine-Hortense, 13.
Grand-duché de Hesse, rue de Luxembourg, 29. Ouvert de 1 à 3 heures.
Honduras, rue Decamps, 18.
Italie, avenue des Champs-Elysées, 9. Ouvert de 11 à 2 heures. Visa, 3 fr.
Mecklembourg-Schwérin, rue de Ponthieu, 20. Visa gratis des passeports, de 11 à 1 h., rue du Marché-d'Aguesseau, 8.
Mecklembourg-Strélitz, rue du Marché-d'Aguesseau, 8. Visa gratis, de 11 à 1 heure.
Mexique, rue d'Albe, 5.
Monaco, avenue du Cours-la-Reine.
Paraguay, avenue des Champs-Elysées, 97.
Pays-Bas, rue de Presbourg, 15. Ouvert de 11 à 2 heures. Visa gratis.
Pérou, rue de Ponthieu, 66. Ouvert de 11 à 2 heures.
Perse, avenue d'Antin, 3.
Portugal, rue d'Astorg, 12.
Prusse, rue de Lille. 78. Ouvert de midi à 1 h. 1/2. Visa français, 5 fr.
Russie, rue de Grenelle-Saint-Germain, 79. Ouvert de midi à 2 heures. Visa, 5 fr.
San Marin, avenue du Cours-la-Reine, 20. Ouvert de midi à 3 heures. Visa, 5 fr. 50 c.
San Salvador, avenue de l'Empereur et rue Decamps, 18. Ouvert de 10 h. à midi et de 4 à 6 heures. Visa, 5 fr.
Saxe-Royale, rue de Courcelles, 29. Ouvert de midi à 2 heures. Visa français, 5 fr., étrangers, gratis.
Saxe-Cobourg-Gotha, rue Saint-Lazare, 92. Ouvert de midi à 2 heures.
Suède et Norwége, rue Marignan, 9. Bureaux de la Chancellerie de la Légation, avenue Montaigne, 51.
Suisse, rue Blanche, 3. Ouvert de 10 à 3 heures.
Turquie, rue de Presbourg, 10. Bureaux du Consulat, rue de la Victoire, 44, ouverts de midi à 3 heures.
Vénézuéla, boulevard des Capucines, 12.
Villes libres et Anséatiques de Lubeck, Brême et Hambourg, rue d'Aguesseau, 13. Ouvert de 10 à 2 heures. Visa gratis.
Wurtemberg, rue de Presbourg, 6 (rond-point de l'Etoile). Ouvert de 11 a 1 heure. Visa gratis.

POLICE

Une administration spéciale, la *police*, dont l'administration centrale est établie à l'hôtel de la Préfecture de police, quai des Orfèvres et quai des Lunettes, près du Palais-de-Justice et du Tribunal de commerce, est chargée de veiller à la tranquillité générale, au maintien de l'ordre public et des mœurs sous le rapport de la décence et de l'hygiène. Elle a la surveillance des rues et places de la capitale, celle des théâtres, cafés-concerts et autres lieux publics, des hôtels garnis, des voyageurs qui arrivent ou partent, des passeports, des permis de séjour, des voitures publiques, fiacres et omnibus, des commissionnaires, etc., etc.

C'est donc à la Préfecture de police et plus immédiatement à ses agents, que les étrangers devront s'adresser en cas de contestations.

Il y a plusieurs sortes d'agents de la Préfecture de police; nous ne les nommerons pas tous, il suffit seulement d'en faire connaître quelques-uns aux voyageurs, ce sont d'abord : les agents de la sûreté publique, connus sous le nom de *sergents de ville*.

Ces employés, au nombre de quatre mille environ, sont divisés par bandes ou escouades circulant nuit et jour par tous les temps, dans les rues dépendant de la circonscription de leurs postes, lieux où ils se réunissent pour recevoir les ordres qui leur sont donnés, d'où ils partent et où ils reviennent pour déposer provisoirement les perturbateurs et malfaiteurs arrêtés par eux.

Dans tous les quartiers, il y a un poste de police, dont tous les agents sont sous le commandement d'un *officier de paix*.

Ce poste, ordinairement établi dans un monument public, comme une mairie d'arrondissement, par exemple, est facile à reconnaître à la lanterne rouge suspendue au-dessus de la porte d'entrée.

Les sergents de ville sont revêtus de l'uniforme suivant : chapeau à claque noir, capote noire tombant au-dessous des genoux, avec boutons blancs et collet orné d'une broderie en argent représentant les armes de la ville de Paris, — un vaisseau ; — pantalon noir et épée ; en grande tenue, la capote est remplacée par un habit noir avec passepoils rouges aux pans.

Ces agents, outre la surveillance dont ils sont chargés, ont encore la mission de donner à qui les leur demande, toutes sortes de renseignements.

Outre les sergents de ville et les officiers de paix, il y a encore dans chaque quartier un commissaire de police auquel on peut adresser ses plaintes et ses réclamations et devant lequel comparaissent le matin tous les gens arrêtés et mis au poste durant la nuit précédente.

Selon la gravité des cas, ce magistrat envoie les délinquants à la Préfecture de police ou les rend à la liberté.

Leurs bureaux sont également reconnaissables à une lanterne rouge apposée à la maison qu'ils occupent et sur laquelle on lit en lettres blanches : Commissaire de police.

Quand il se transporte hors de ses bureaux, il ne peut instrumenter que s'il est porteur de son écharpe.

Nous avons dit plus haut que l'on pouvait aussi, en cas de réclamations et de plaintes, s'adresser directement à la Préfecture de police.

Ainsi, on peut signaler par lettre, à M. le Préfet de police, un cocher dont on aurait à se plaindre ; c'est pourquoi il est bon de conserver le bulletin numéroté, que tout conducteur est obligé de remettre au voyageur qui monte dans sa voiture ; si mieux l'on n'aime inscrire sa réclamation sur un registre *ad hoc* qui se trouve au bureau de chaque station de fiacres.

Pour les objets perdus ailleurs que dans les voitures publiques, on fera sa déclaration à la Préfecture de police, au premier bureau de la première division.

On doit s'adresser au quatrième bureau de la même division, pour tout ce qui concerne les hôtels, maisons garnies, passeports, permis de séjour, logeurs, domestiques et commissionnaires. Dans la deuxième division, le deuxième bureau est spécialement chargé de la police des chemins de fer ; et le troisième, de la surveillance des voitures publiques.

En outre, dans tous les théâtres, il y a un officier de paix de service auquel on peut toujours avoir recours.

L'entrée des bureaux de la Préfecture de police est place Dauphine, derrière la statue du général Desaix, à portée du Pont-Neuf, du Palais-de-Justice et du Tribunal de commerce.

Sans insister davantage sur tout ce qui se rattache à la Préfecture de police, disons que, outre les règlements et les lois auxquels tout le monde doit se soumettre, et qui défendent, en général, d'entraver la circulation, de rien faire contre la sécurité et la salubrité publique, de porter atteinte à la décence, aux mœurs et à la liberté individuelle et de se faire justice soi-même, il est certains usages qui ont acquis force de lois et auxquels un homme bien élevé ne saurait déroger, tels sont, par exemple, les gratifications, les pourboires, etc.

USAGES DIVERS — POURBOIRES, ETC.

On a beaucoup crié contre les habitudes dont une grande partie constitue de véritables impôts forcés ; mais quoi qu'on ait pu faire et dire, ils ont subsisté ; résignons-nous à les subir de bonne grâce, puisqu'on ne peut faire autrement.

En voici quelques-uns :

En payant le cocher qui vous a conduit, vous devez lui donner, outre le prix de sa course, un léger supplément, 10, 20, 25 ou 50 centimes, comme nous l'avons dit plus haut.

Dans un café, un restaurant, il ne faut pas oublier de donner au garçon qui vous a servi, en sus de la somme due pour votre consommation, une légère gratification (ordinairement 10 centimes par personne et par objet servi), qui doit être en rapport avec l'importance et le confort de l'établissement dans lequel on se trouve.

Quand on va au théâtre avec une dame, un homme qui n'accepterait pas le petit banc que l'ouvreuse de loge ne manque jamais d'offrir, passerait pour ladre vert. (Coût : *dix centimes*.)

Quelques personnes se croient même obligées d'acheter auxdites ouvreuses un programme de la pièce qu'on joue et de leur confier encore leurs chapeaux et pardessus; nous n'engageons nullement les étrangers à les imiter, c'est un abus et une spéculation qui ont le tort de gêner tout le monde et de détériorer les vêtements confiés, que *ces dames du théâtre* entassent pêle-mêle les uns sur les autres.

On donne encore des pourboires :

Aux gamins qui vous ouvrent la portière de votre voiture pour descendre;

A l'industriel qui vous offre du feu pour allumer votre cigare;

Au garçon coiffeur auquel on a confié sa tête;

Au facteur de messageries qui apporte un paquet.

On donne quelque menue monnaie au virtuose du pavé qui vient dans les établissements publics vous tendre sa sébile après vous avoir déchiré le tympan; c'est très-dur, mais c'est l'usage.

Il ne serait pas convenable non plus de ne payer au commissionnaire que l'on emploie (qui se tient toujours à tous les coins de rues, à la porte d'un marchand de vins, et a pour spécialité de cirer les chaussures et de porter en ville les lettres et les paquets), que le prix qu'il réclame et qui varie, selon les courses, de 75 centimes à 2 francs.

A côté des pourboires obligatoires, pour ainsi dire, il y a certaines industries interlopes qu'il est bon de signaler. Ceux qui les exploitent ont pour spécialité de vivre sur le public auquel ils cherchent à arracher quelque chose, soit par l'étalage de fausses infirmités ou de pauvreté simulée, soit par l'obsession poussée quelquefois jusqu'à l'insolence. Quand de telles gens viennent vous importuner sur la voie publique, on n'a qu'à les menacer du sergent de ville et ils déguerpissent ordinairement très-vite. Du reste, il ne faut pas que les âmes charitables s'apitoient sur ces faux nécessiteux. A Paris, la sollicitude de l'administration de l'Assistance publique, les sociétés de bienfaisance, les riches généreux n'ont jamais laissé la misère sans être secourue.

A côté de ces exploiteurs des haillons et des infirmités, il en est d'autres qui ne sont pas moins désagréables, quoique mieux vêtus ; ce sont :

Les petites bouquetières qui vous fleurissent de force partout où elles vous rencontrent ;

Les familles de bohémiens qui veulent vous vendre des corbeilles, des paniers et des jardinières ;

Les marchands de plâtres et surmoulages qui vous assomment dans un langage qualifié par eux d'italien et qui n'est que de l'auvergnat ;

Les juifs qui vendent des lorgnettes, lorgnons, bijoux plaqués, tout en vous proposant de leur acheter des livres licencieux et défendus avec une foule d'autres choses qu'on ne peut nommer ;

Les marchands de cannes et de parapluies qui vous suivront en vous mettant leur marchandise sous le nez ;

L'homme habillé en marin qui vous proposera des objets de contrebande à un bon marché fabuleux. Ne vous laissez pas prendre à son boniment, vous seriez volé !

Puis bien d'autres encore...

L'industrielle de ce genre contre laquelle il importe le plus de mettre l'étranger en garde, c'est la bouquetière des bals publics, des cafés-concerts et des théâtres. C'est toujours une femme jeune, agaçante et bien mise.

Si l'on se trouve en compagnie de dames vis-à-vis desquelles on doit se montrer galant, elles semblent le deviner et viennent de suite vous proposer leurs bouquets dont elles demandent un prix fou.

Si vous n'êtes que des hommes au bal, elles vous insinueront d'envoyer un bouquet à quelque danseuse remarquée ; au besoin, elles offriront de faire de votre part telles propositions que vous voudrez. Refusez, car si vous donnez dans le panneau, tenez-vous pour assuré que le bouquet ne restera pas entre les mains de celle à qui vous l'avez offert. Après quelques moments de conversation, la dame, qui est d'accord avec la bouquetière, vous quittera, puis, contre quelques pièces de monnaie, elle rendra les fleurs que vous avez payées à prix d'or à la marchande qui ira recommencer son manége près d'un autre. On cite des bouquets qui, de cette façon, ont été vendus quinze ou vingt fois dans une soirée.

Au théâtre, les bouquetières agissent de même ; elles cherchent à persuader qu'il est de bon goût d'envoyer sur la scène un bouquet à une actrice applaudie ; on se laisse prendre, on paye le bouquet, on le jette et le plus souvent un employé subalterne du théâtre s'en empare, quand la toile est baissée, et le rapporte à l'ingénieuse commerçante qui le revend autant de fois qu'elle peut.

La seule différence qui existe entre les bouquets vendus au bal et ceux vendus au théâtre, c'est que les premiers coûtent beaucoup moins cher que les seconds.

Les abus que nous venons de signaler nous amènent naturellement à indiquer aux voyageurs les principaux lieux de plaisirs de la capitale, tels que Théâtres, Concerts, Cafés-Concerts et Bals publics, pour lesquels l'étranger fera bien de s'adresser à L'OFFICE DES THÉÂTRES, *boulevard des Italiens, 15*, à côté du *Café-Anglais* ; le public y trouvera des loges et des places réservées et numérotées pour tous les théâtres et les fêtes publiques de Paris.

THÉATRES IMPÉRIAUX

Le GRAND-OPÉRA, rue Le Peletier, 2, la plus grande scène lyrique de Paris, reçoit une subvention de 800,000 francs par an, plus 100,000 francs de la liste civile. Les artistes de l'Opéra gardent encore quelque peu de la renommée qu'avaient conquise leurs devanciers, et c'est là-dessus qu'ils vivent bien plus que sur leur talent, à part deux ou trois exceptions. L'Académie impériale de musique continue bien à donner les œuvres des maîtres; mais son véritable triomphe est le ballet. On y danse encore, on n'y chante plus.

L'Opéra est ouvert le lundi, le mercredi, le vendredi et souvent le dimanche.

On y peut louer une loge pour six mois ou un an.

PRIX DES PLACES :

Premières loges de face, avant-scène des premières et stalles d'amphithéâtres.	12 fr.	»
Baignoires d'avant-scène et stalles d'orchestre.	10	»
Baignoires, premières loges, avant-scène des deuxièmes, deuxièmes loges de face.	8	»
Secondes loges de côté.	7	»
Troisièmes loges de face.	6	»
Parterre (que l'on peut louer à l'avance au même prix que le soir au bureau).	5	»
Troisièmes loges de côté et quatrièmes loges de face	4	»
Quatrièmes loges de côté, amphithéâtre des quatrièmes et cinquièmes loges de face.	2	50

Le THÉATRE-FRANÇAIS, au Palais-Royal, place de l'Impératrice et rue Montpensier, est la scène presque unique où les chefs-d'œuvre dramatiques de notre pays soient convenablement interprétés. On y joue le répertoire classique, et la littérature contemporaine n'y trouve accès que lorsque ses produits sont marqués d'une estampille connue et ne portent le sceau ni de l'originalité ni du génie. Comme à l'Opéra, on y loue des loges à l'année ou pour un espace de 6 mois. Pour 300 francs par an, on a une entrée personnelle. On y joue tous les soirs la tragédie, la comédie et le drame.

Subvention 240,000 fr.

PRIX DES PLACES :

Avant-scène du rez-de-chaussée et loges du premier rang.	9 fr.	»
Loges du rez-de-chaussée.	7	»
Loges du premier rang	7	»

Loges fermées du second rang, de face. . . .	6 fr.	»
Loges découvertes du second rang.	5	»
Loges de coté du second rang.	4	»
Loges du troisième rang.	3	»
Loges du quatrième rang	2	»
Fauteuils d'orchestre	5	»
Fauteuils de balcon	6	»
Fauteuils de première galerie	5	»
Fauteuils du troisième rang de face.	2	50
Parterre.	2	50
Troisième galerie	1	50
Amphithéâtre.	1	»

L'Odéon, second théâtre français, est placé sur la rive gauche, près du palais du Luxembourg, à proximité du boulevard Saint-Michel, avec lequel il correspond par la rue de Médicis et la rue Racine. On y joue en général le même genre de pièces qu'à la Comédie-Française.

Ce théâtre reçoit une subvention de 100,000 fr. par an, pour jouer au moins une fois par semaine, ordinairement le vendredi, la tragédie classique. Malgré cela, l'Odéon donne de temps à autre des pièces qui font courir tout Paris. Son personnel d'artistes est composé en général de médiocrités parmi lesquelles brillent quelques talents hors ligne, destinés plus tard à aller, sur la rive droite, prendre rang parmi les sociétaires de la Comédie-Française.

L'Odéon est fermé tous les ans, du premier juin au premier septembre.

La salle peut contenir 1,650 spectateurs.

PRIX DES PLACES :

Avant-scène du rez-de-chaussée et des premières.	8 fr.	»
Loges de salon.	7	»
Premières loges fermées de face	6	»
Fauteuils d'orchestre	5	»
Fauteuils de première galerie	4	»
Fauteuils de balcon.	4	»
Premières loges de balcon, stalles d'orchestre, baignoires, secondes loges découvertes. . . .	3	»
Avant-scène des secondes loges	2	50
Secondes loges et parterre.	2	50
Seconde galerie.	1	50

Troisième galerie, avant-scène des troisièmes.	1 fr.	»
Amphithéâtre des troisièmes.	»	75
Amphithéâtre des quatrièmes.	»	50

L'OPÉRA-COMIQUE, situé place Boïeldieu près du boulevard des Italiens, représente, comme son nom l'indique, des œuvres moins sérieuses qu'à la salle de la rue Le Peletier. La musique et les pièces y sont moins savantes, mais plus françaises, plus nationales que partout ailleurs, aussi est-ce un des théâtres les plus aimés, les plus suivis.

Ce théâtre reçoit 240,000 fr. de subvention et est ouvert au public tous les soirs.

On y peut louer une loge pour six mois ou une année; une entrée personnelle coûte 200 f. pour six mois et 300 fr. pour une année; il peut tenir dans la salle 1,800 personnes.

PRIX DES PLACES :

Avant-scène des premières loges du rez-de-chaussée, premières loges avec salon	8 fr.	»
Fauteuils de première galerie, de balcon et premières loges sans salon.	7	»
Seconde loges de face à salon, fauteuils d'orchestre et baignoires.	6	»
Secondes loges de face sans salon, avant-scène des secondes loges, secondes loges de côté avec salon	5	»
Secondes loges de côté sans salon, stalles d'orchestre.	4	»
Avant-scène de la deuxième galerie, deuxième galerie.	3	»
Parterre.	2	50
Troisièmes loges de face.	2	»
Troisièmes loges de côté.	1	50
Quatrièmes loges de côté	1	50
Amphithéâtre.	1	»

Le THÉATRE-LYRIQUE, construit sur la place du Châtelet, reçoit 100,000 fr. de subvention, et représente des opéras, des drames lyriques et des ballets. Excepté pendant les vacances qui durent du premier juillet au premier septembre, il est ouvert tous les soirs.

PRIX DES PLACES :

Avant-scène, avant-scène des premières, balcon, baignoires d'avant-scène	8 fr.	»
Fauteuils d'orchestre et de balcon, baignoires, loges à salon	6	»
Avant-scène du second balcon, loges à salon	5	»
Pourtour	4	»
Fauteuils du second balcon, avant-scène du second balcon	3	»
Parterre, stalles de face	2	50
Stalles de côté	2	»
Amphithéâtre	1	»

Le THÉATRE-ITALIEN, situé place Ventadour, derrière le passage Choiseul et près du boulevard des Italiens, est le théâtre adopté par la bonne compagnie qui ne s'y montre qu'en costume de bal et de soirée. Les dames doivent se présenter en grande toilette, robes décolletées, tête nue, etc ; et les hommes avec l'inévitable habit noir. Il a 100,000 fr. de subvention et ne joue que des pièces du répertoire italien, 4 fois par semaine, les lundis, mardis, jeudis et samedis, pendant six mois de l'année, du premier octobre au premier avril.

THÉATRES DE COMÉDIE ET DE VAUDEVILLE

Presque tous les théâtres secondaires, et par secondaires nous entendons ici les scènes qui ne reçoivent aucune subvention du gouvernement, jouent la comédie et le vaudeville. Mais parmi eux il en est qui exploitent plutôt un genre que l'autre; d'autres qui ne donnent que des vaudevilles et d'autres enfin qui ont fini par remplacer presque complétement le vaudeville par des pièces à spectacles et exhibitions imitant malheureusement les grandes scènes spécialement organisées pour les féeries.

La comédie est surtout interprétée supérieurement sur les théâtres du Gymnase dramatique et du Vaudeville. Les artistes de ces deux théâtres ne le cèdent en rien, à certains égards, à ceux du Théâtre-Français.

Le Gymnase-Dramatique, situé sur le boulevard Bonne-Nouvelle, donne des représentations tous les soirs; la salle peut contenir environ 1,300 personnes.

PRIX DES PLACES :

Loges d'avant-scène.	8 fr.	»
Fauteuils d'orchestre et premières loges. . . .	6	»
Baignoires et fauteuils de balcon.	5	»
Loge du foyer et avant-scène	6	»
Secondes loges	4	»
Loges d'avant-scène et stalles d'amphithéâtre.	2	50
Troisièmes loges.	2	»
Quatrièmes loges	1	25
Galerie des quatrièmes.	1	»

Le Vaudeville, place de la Bourse, rue Vivienne, 29, contient aussi 1 300 places et est ouvert tous les jours.

PRIX DES PLACES :

Premières loges de face et de côté, baignoires de face à salon, avant-scène du rez-de-chaussée et des premières.	6 fr.	»
Baignoires de face sans salon, avant-scène des secondes, fauteuils d'orchestre et de première galerie.	5	»
Secondes loges de face, baignoires découvertes de côté.	4	»
Deuxièmes loges de côté.	3	»
Avant-scène des troisièmes.	2	50
Parterre, stalles de balcon des troisièmes et troisièmes loges de face	2	»
Galerie	1	»

Le Palais-Royal, au Palais-Royal, péristyle Montpensier, offre aux spectateurs, par son répertoire sans pareil, un répertoire et une troupe d'un comique achevé, capable de rendre malades de rire les gens les plus tristes. La salle qui ne peut contenir plus de 1,100 personnes, est toujours trop petite pour l'affluence du public, avide de gaîté et de distractions amusantes, qu'on y trouve chaque soir.

PRIX DES PLACES :

Avant-scène	6 fr.	»
Fauteuils d'orchestre, de balcon et de première galerie, premières loges	5	»
Baignoires de face et de côté, stalles de balcon des deuxièmes, deuxièmes, avant-scène des deuxièmes, deuxièmes loges de face	4	»
Pourtour du rez-de-chaussée, deuxièmes loges de côté	3	»
Avant-scène des troisièmes	2	50
Parterre, stalles de troisième galerie, loges des troisièmes	2	»

Les Variétés, boulevard Montmartre, 7, rivalisent avec le Palais-Royal pour le répertoire et les artistes comiques ; représentations tous les soirs. 1,240 places.

PRIX DES PLACES.

Baignoires, avant-scène du rez-de-chaussée et des premières	6 fr.	»
Fauteuils de premier balcon et d'orchestre, stalles et loges de la première galerie	5	»
Avant-scène du foyer	3	»
Loges de côté et stalles de pourtour	2	50
Loges intermédiaires	3	»
Parterre, stalles de la deuxième galerie, loges de face du foyer, avant-scène et loges des troisièmes	2	»
Balcon des deuxièmes et troisièmes	1	50
Amphithéâtre	1	»

THÉATRES DE DRAME

Le Théatre de la Porte-Saint-Martin, situé près de la porte Saint-Martin, boulevard Saint-Martin, 16 et 18, joue tous les soirs, avec quelques féeries, des drames et mélodrames ; la salle peut contenir 1,800 spectateurs.

PRIX DES PLACES :

Avant-scène des premières et du rez-de-chaussée.	9 fr.	»
Fauteuils de balcon, premières loges de balcon		

de côté, loges de face du premier étage, baignoires.	7 fr.	»
Avant-scène des deuxièmes, fauteuils d'orchestre.	6	»
Stalles d'orchestre, deuxièmes loges de face.	4	50
Stalles de la deuxième galerie	4	»
Secondes loges découvertes.	3	50
Stalles des troisièmes	2	50
Parterre.	2	»
Troisième galerie.	1	50
Quatrième galerie	1	»
Galerie du cintre et amphithéâtre.	»	50

Le THÉATRE DE LA GAITÉ, situé en face du square des Arts-et-Métiers, rue du Caire prolongée, joue également tous les soirs. On compte dans ce théâtre quelques artistes remarquables, surtout le directeur-acteur Dumaine, un des premiers sujets de drame que possède Paris.

PRIX DES PLACES :

Avant-scène du rez-de-chaussée et de la première galerie.	5 fr.	»
Fauteuils d'orchestre et de première galerie.	4	»
Baignoires	3	»
Stalles d'orchestre, fauteuils de la deuxième galerie, avant-scène des deuxièmes.	2	50
Avant-scène et stalles de la deuxième galerie.	2	»
Parterre, stalles de la troisième galerie.	1	50
Troisième galerie, amphithéâtre	1	»
Stalles du quatrième amphithéâtre	»	75
Quatrième amphithéâtre	»	50

L'AMBIGU-COMIQUE est certainement, de tous les théâtres de drame, celui où les crimes sont les plus noirs et les plus raffinés; celui où les acteurs ont le geste et la voix le plus tragiques et le plus déclamatoires.

La salle, située boulevard Saint-Martin, 2, peut recevoir 1,900 spectateurs.

PRIX DES PLACES :

Premières loges de face à salon, avant-scène premières et du rez-de-chaussée	6 fr.	»
Fauteuils d'orchestre, fauteuils des premières.	5	»
Loges découvertes.	4	»

Stalles d'orchestre, fauteuils de pourtour . . .	3 fr.	»
Secondes loges de face, avant-scène des secondes, fauteuils des secondes, premier rang	2	50
Stalles de pourtour et des secondes loges . . .	2	»
Avant-scène des deuxièmes, secondes galeries.	1	50
Parterre	1	50
Avant-scène des quatrièmes	1	25
Troisième galerie	1	»
Quatrième galerie	»	50

Le THÉATRE-BEAUMARCHAIS, boulevard Beaumarchais, 25, près la colonne de Juillet (place de la Bastille), était autrefois une scène infime où nous n'aurions conseillé à personne de se risquer; mais maintenant, grâce au zèle et à l'intelligence de son directeur actuel, il en est tout autrement. Il est peu de théâtres aussi bien montés pour le drame, que la charmante petite salle du boulevard Beaumarchais, qui possède, sous ce rapport, une troupe d'acteurs et un répertoire des meilleurs et des plus rares.

PRIX DES PLACES :

Avant-scène du rez-de-chaussée	4 fr.	»
Baignoires	2	50
Fauteuils d'orchestre	2	25
Stalles d'orchestre	1	75
Parterre	1	»
Avant-scène du premier étage	4	»
Premières loges du premier étage	3	»
Fauteuils de balcon et stalles des premières .	2	50
Avant-scène, loges et fauteuils du deuxième étage	1	50
Premier amphithéâtre	»	75
Second amphithéâtre	»	50

On joue des féeries et des pièces à grand spectacle dans la plupart des théâtres, notamment aux théâtres de la Porte-Saint-Martin, de la Gaîté et de l'Ambigu, mais nulle part les pièces à machines, à trucs, les mélodrames militaires, les combats sur mer, etc., ne sont mieux représentés qu'au THÉATRE IMPÉRIAL DU CHATELET (place du Châtelet), qui est unique en son genre. Il est complétement inutile de chercher dans les grandes pièces du Châtelet, une intrigue, une pensée quelconque ; on ne trouverait rien. Aussi le spectateur peut-il, sans inconvénients, se boucher les oreilles et se contenter de regarder les magnifiques tableaux qui se déroulent devant lui. C'est le théâtre préféré des sourds. On peut y entasser 3,500 spectateurs.

PRIX DES PLACES :

Petites loges sur la scène.	10 fr.	»
Loges du premier balcon.	6	»
Fauteuils d'orchestre et des premières loges.	6	»
Stalles d'orchestre.	4	»
Stalles de galerie et pourtour.	3	»
Premier amphithéâtre et parterre.	2	»
Deuxième amphithéâtre.	1	»
Troisième amphithéâtre.	»	75

Après l'Opéra, l'Opéra-Comique, le Théâtre-Lyrique et le Théâtre-Italien, ceux où l'on s'occupe spécialement de musique, sont :

Les BOUFFES-PARISIENS, passage Choiseul, près du Théâtre-Italien.

Dans cette petite salle, qui ne contient guère que 700 personnes, on ne joue que des pièces humoristiques, des opérettes bouffes, parodies, dont la musique est aussi originale que le livret.

Les Bouffes sont aux grandes scènes lyriques, ce que le Palais-Royal est au Théâtre-Français.

Représentations tous les jours, excepté pendant les vacances.

PRIX DES PLACES :

Premières loges, avant-scène des premières et du rez-de-chaussée.	6 fr.	»
Fauteuils d'orchestre et des premières.	5	»
Loges de face, avant-scène du deuxième étage.	4	»
Balcon du troisième étage.	3	50
Loges de côté du deuxième étage.	3	»
Avant-scène et loges de face du troisième étage.	2	50
Loges de côté du troisième étage.	2	»
Stalles d'amphithéâtre.	1	50
Amphithéâtre.	1	»

Le Théatre des Fantaisies Parisiennes, boulevard des Italiens, 26, a joui, dès les premiers temps de sa fondation (il date de l'année 1866), d'une certaine vogue, due autant à la disposition bizarre de sa salle, qui est carrée, qu'à l'originalité de ses acteurs et de ses opérettes.

PRIX DES PLACES :

Loges de face, avant-scène d'orchestre et de balcon.	5 fr. »
Fauteuils d'amphithéâtre et stalles de galerie.	4 »
Stalles d'orchestre.	3 »

Il reste les théâtres de genre, où l'on joue spécialement toute espèce de choses : opérette, comédie, vaudeville, drame, parodie, opéra-bouffe et diminutifs de revues, etc., et où les loueurs de lorgnettes et les marchandes de bouquets font de belles affaires; théâtres qui ont aujourd'hui la vogue pour la perdre demain, et qui luttent ensemble sous le rapport de la qualité, de la nudité et de la quantité des exhibitions qu'ils offrent aux spectateurs. Mais comme il se peut trouver dans ces théâtres quelques bonnes pièces, et quelquefois des acteurs de mérite, nous les signalerons aux voyageurs.

Folies-Dramatiques, rue de Bondy, 40, spectacle tous les jours.

PRIX DES PLACES :

Loges d'avant-scène.	4 fr.	»
Loges de première galerie.	4	»
Fauteuils d'orchestre.	3	»
Fauteuils de première galerie.	2	50
Stalles de balcon et d'orchestre.	1	50
Avant-scène de deuxième galerie.	1	25
Stalle de galerie, deuxième galerie, parterre.	1	»

Délassements-Comiques, boulevard du Prince-Eugène, représentation tous les soirs.

PRIX DES PLACES :

Première galerie et rez-de-chaussée, avant-scène.	4 fr.	
Fauteuils d'orchestre et de première galerie...	3	»
Stalles d'orchestre et de première galerie....	2	»
Stalles de deuxième galerie............	1	»
Troisième galerie.................	»	50

Théatre-Déjazet, boulevard du Temple, 41, ouvert tous les jours.

PRIX DES PLACES :

Avant-scène du rez-de-chaussée.........	6 fr.	»
Avant-scène des premières............	5	»
Loges du rez-de-chaussée, loges des premières de face, salon................	4	»
Stalles, fauteuils de balcon............	3	»
Loges des premières de côté...........	2	50
Avant-scène des secondes............	2	»
Orchestre......................	1	50
Parterre......................	1	»

Théatre-Saint-Germain, boulevard Saint-Germain, au coin de la rue Saint-Jacques (rive gauche); tous les soirs, représentations.

PRIX DES PLACES :

Avant-scène de rez-de-chaussée et des premières	5 fr.	»
Loges découvertes de rez-de-chaussée et de balcon	4	»
Baignoires de face et fauteuils de balcon...	4	»
Fauteuils d'orchestre et des premières....	3	»
Stalles d'orchestre et des premières.....	2	»
Stalles de la deuxième galerie.........	2	»
Parterre,....................	1	25
Deuxième galerie................	1	»

Folies-Marigny, Champs-Élysées, carré Marigny, en face l'Exposition des beaux-arts; spectacles tous les jours.

PRIX DES PLACES :

Avant-scène du rez-de-chaussée et des premières	4 fr.	»
Loges et baignoires de face...........	3	»

Loges de côté et pourtour	2	50
Stalles d'orchestre	2	»
Orchestre	1	25
Première galerie de face	1	»
Première galerie de côté	»	50

Outre les petits théâtres que nous venons d'indiquer, il y en a encore une foule d'autres, situés dans l'ancienne banlieue de Paris; leur éloignement du centre de la capitale les rend presque inabordables aux étrangers, c'est le motif pour lequel nous n'en parlerons pas.

THÉATRES EQUESTRES

HIPPODROME, place d'Eylau, près du bois de Boulogne, avenue de Saint-Cloud. Les représentations ont lieu du mois de mai au 1er octobre, tous les jours, à trois heures de l'après-midi.

PRIX DES PLACES :

Premières	2 fr.	50
Deuxièmes	1	50
Troisièmes	1	»
Quatrièmes	»	50

CIRQUE DE L'IMPÉRATRICE, aux Champs-Elysées, à droite du rond-point; représentations tous les soirs à huit heures, du 1er mai au 30 octobre.

PRIX DES PLACES :

Premières	2 fr.	»
Secondes	1	»

CIRQUE-NAPOLÉON, boulevard des Filles-du-Calvaire; représentations tous les soirs, du 1er novembre au 1er mai.

PRIX DES PLACES :

Premières.	2 fr. »
Deuxièmes	1 »
Troisièmes.	» 50

THÉATRES D'ENFANTS

Théatre-Séraphin, 12, boulevard Montmartre; représentations les dimanches et fêtes, à 2 heures de l'après-midi, et tous les soirs, à 7 heures et demie.

PRIX DES PLACES :

Loges	2 fr. »
Fauteuils.	1 50
Stalles.	1 25
Galerie.	1 »
Parterre	» 75

Marionnettes lyriques, boulevard de Strasbourg, 17 ; tous les soirs, représentations : la première, à 7 heures; la seconde, à 9 heures du soir; et, en outre, à 2 heures de l'après-midi, les dimanches, jeudis et jours de fête.

THÉATRES DE PRESTIDIGITATION & DE PHYSIQUE AMUSANTE

Théatre-Cleverman, *anciennement* Robert-Houdin, boulevard des Italiens, 8; ouvert tous les soirs à 8 heures.

PRIX DES PLACES :

Loges et avant-scène	4 fr. »
Stalles et balcon.	3 »
Galerie.	1 50

Mêmes prix pour les enfants que pour les grandes personnes.

CONCERTS

Concerts des Champs-Élysées, près du rond-point, à gauche et près de l'aile occidentale de l'Exposition des beaux-arts; musique tous les soirs, pendant l'été, de 8 à 11 heures. Répertoire et exécutions excellents; société choisie; les dames ne peuvent y être admises que lorsqu'elles sont accompagnées; prix d'entrée : 1 franc par personne.

Concerts populaires du cirque Napoléon et du cirque impérial, pendant la saison d'hiver.

CAFÉS-CONCERTS

Les Cafés-Concerts ont pris, depuis la liberté des théâtres, une extension considérable; il n'est pas rare aujourd'hui d'y entendre d'excellents artistes.

Les principaux Cafés-Concerts sont :

L'Eldorado, boulevard de Strasbourg, près la ligne des grands boulevards.

L'Alcazar, faubourg Poissonnière, n°

Ba-ta-Clan, boulevard du Prince-Eugène, n°

L'été il existe aussi des Cafés-Concerts en plein vent, dans la grande avenue des Champs-Élysées.

BALS PUBLICS

Les principaux bals d'hiver sont :

Le Casino, 16, rue Cadet, faubourg Montmartre. — Bals les lundis, mercredis, vendredis et dimanches. Prix d'entrée : 2 francs.

Salle Valentino, 359, rue Saint-Honoré. — Bals les dimanches, mardis, jeudis et samedis. Prix : 2 et 3 francs.

Closerie des Lilas, carrefour de l'Observatoire. — Bals les dimanches, lundis et jeudis. Prix : 1 franc.

Les principaux bals d'été sont :

Mabille et Chateau des Fleurs, avenue Montaigne, 93. — Soirées dansantes tous les jours. Prix d'entrée : 2 et 3 francs.

Parc d'Asnières. — Bals les dimanches et jeudis, pendant l'été. Prix : 2 francs.

Chateau-Rouge, chaussée Clignancourt. — Bals les lundis, jeudis et dimanches. Prix : 1 franc.

Closerie des Lilas, carrefour de l'Observatoire. — Bals es dimanches, lundis, et jeudis. Prix : 1 franc.

CURIOSITÉS DE SÉJOUR

LES PALAIS

Le Palais des Tuileries, demeure des souverains, et sur le pavillon central duquel flotte le drapeau tricolore lorsque l'Empereur est à Paris, fut construit par Catherine de Médicis après la mort de Henri II, en 1564. C'est un des monuments les plus curieux à visiter.

Il est ouvert les lundis, mercredis et vendredis, de midi à 3 heures, quand la famille impériale n'habite pas Paris. On peut en outre, en s'adressant au grand aumônier, obtenir la permission d'assister à la messe que Leurs Majestés vont entendre, tous les dimanches, dans la chapelle du château, où l'on admire surtout les magnifiques peintures du plafond, représentant l'*Entrée de Henri IV à Paris*.

En avant de la grille qui sépare la cour d'honneur de la place du Carrousel, on remarque l'*Arc de triomphe du Carrousel*, que Napoléon Ier fit élever à la gloire des armées françaises. L'autre façade des Tuileries donne sur un immense jardin dont une petite partie est réservée exclusivement à la famille impériale. L'autre est ouverte au public pendant toute la journée.

Des galeries et pavillons fort remarquables relient le palais des Tuileries au palais du Louvre, une des merveilles de la Renaissance.

Le PALAIS DU LOUVRE, commencé en 1541 par François Ier, d'après les dessins de Pierre Lescot, se compose de quatre ailes renfermant une cour intérieure.

Cette cour carrée et très-vaste est ornée de sculptures des artistes des règnes de François I^r, Henri II, François II et Charles IX, à côté desquelles, dans des niches placées entre les fenêtres du rez-de-chaussée, sont rangées les meilleures productions de la statuaire contemporaine.

A l'extérieur, à la partie Est qui regarde l'église Saint-Germain-l'Auxerrois, se trouve la façade principale, remarquable par sa colonnade exécutée en 1685, d'après les plans de Claude Perrault. Cette colonnade se compose de 52 colonnes et piliers, accouplés deux à deux et se développant au premier étage sur une longueur de 166 mètres 87 centimètres. Ces belles colonnes, qui sont d'ordre corinthien, ont chacune 27 mètres 61 centimètres de hauteur. Les trois autres façades sont également remarquables quoique d'un style plus simple et plus sévère; l'une, celle qui regarde la Seine, possède entre autres curiosités, une fenêtre ornée d'un balcon du haut duquel les romanciers se plaisent à représenter Charles IX arquebusant ses sujets pendant la Saint-Barthélemy; l'autre façade regarde la rue de Rivoli; la quatrième fait face aux Tuileries auxquelles elle se relie par les bâtiments du nouveau Louvre.

L'ancien Louvre, autrefois palais des souverains, renferme maintenant un musée ouvert tous les jours au public (le lundi excepté), de 10 heures du matin à 4 heures du soir. On y voit es œuvres des grands artistes français et étrangers, et une magnifique collection de sculptures antiques, placée au rez-de-chaussée.

Le PALAIS-ROYAL, situé sur la place du même nom, en face le nouveau Louvre, et habité en ce moment par le prince Jérôme

Napoléon Bonaparte, fut construit de 1629 à 1634 par le cardinal de Richelieu qui, en mourant, le légua au roi Louis XIII. Il se compose de deux parties bien distinctes : le palais proprement dit et les galeries qui entourent le jardin. On ne peut pénétrer dans le palais, tandis que les galeries et le jardin qui renferment de nombreuses boutiques, des cafés, des théâtres, etc, sont un lieu de passage et de promenade pour tout le monde.

Parmi ces galeries nous citerons principalement la galerie d'Orléans, la plus large et la plus commode et dans laquelle presque tous les étrangers ont coutume de se donner rendez-vous. La principale curiosité du jardin est un petit canon qui, tous les jours à midi, fait explosion, par suite de la concentration des rayons du soleil sur sa lumière. Il y a bon nombre d'oisifs et de badauds qui viennent régler leurs montres sur ce joujou scientifique.

L'Elysée-Napoléon, palais dont les façades donnent sur la rue du faubourg Saint-Honoré et sur les Champs-Elysées, fut construit en 1718 par l'architecte *Molet* pour le comte d'Evreux. Il fut habité par la célèbre marquise de Pompadour, *Antoinette Poisson*, et plus tard par le roi de Naples, Joachim Murat. Napoléon Ier y signa son abdication en 1815 et l'Empereur actuel, Napoléon III, en prit possession le 26 décembre 1848, en qualité de Président de la seconde République.

On ne peut visiter le palais de l'Elysée qu'avec une permission spéciale du ministre de la maison de l'Empereur.

Le Palais du Luxembourg est situé sur la rive gauche de la Seine dans la rue de Vaugirard sur laquelle il a sa façade principale. Presque vis-à-vis se trouve le théâtre de l'Odéon qui lui aussi, est un palais... celui *de la tragédie classique.*

Construit pour la reine Catherine de Médicis, de 1615 à 1620, par l'architecte Jacques Desbrosses, ce palais fait aujourd'hui partie de la dotation du Sénat et le premier corps de l'Etat y loge ses dignitaires et y tient ses séances. Il forme un parallélogramme long, à peu près symétrique, de 70 mètres de largeur et de 150 mètres de longueur.

Le palais du Luxembourg, outre un musée public ne contenant que les œuvres des artistes français vivants et ouvert au public tous les jours, le lundi excepté, de 10 heures du matin à 4 heures du soir, possède des œuvres d'art de premier ordre dans les appartements intérieurs. Nous recommandons surtout de visiter : *la Chapelle*, *la Chambre à coucher de Marie de Médicis*, *la Salle des gardes*, *le Salon de Napoléon Ier*, *la Salle du trône*, *le Salon de l'Empereur*, *la Salle des séances*.

Le palais du Luxembourg avait autrefois un jardin vaste et magnifique qui offrait aux promeneurs et aux étudiants du quartier un frais abri contre les chaleurs de l'été ; mais, maintenant, à la place des arbres séculaires, on voit des fleurs rachitiques et de maigres gazons masquant la nudité de squares provisoires qui feront bientôt place à des maisons ou à des casernes. Au chant des oiseaux ont succédé les voix des terrassiers et des maçons : *Nunc lugete, Veneres Cupidinesque*.

Le PALAIS DU QUAI D'ORSAY, dont l'entrée est située rue de Lille et la façade principale sur le quai d'Orsay, vis-à-vis le jardin des Tuileries, est un monument tout moderne ; commencé en 1810, il fut achevé en 1835.

La façade comporte deux ordres (toscan et ionique) superposés et surmontés d'un attique avec pilastre corinthien. La cour principale, dans laquelle on pénètre par la rue de Lille, est entourée d'une galerie à double rangée d'arcades.

Ce palais est occupé, au rez-de-chaussée par le Conseil d'État; et, au premier étage, par la Cour des Comptes.

Le PALAIS DE LA LÉGION-D'HONNEUR, situé à côté du précédent et donnant aussi sur la rue de Lille et le quai d'Orsay, n'offre rien de remarquable si ce n'est le *grand Salon* circulaire de la Rotonde élevée sur la terrasse qui donne sur le quai. Il fut bâti, en 1786 par l'architecte Rousseau, pour le prince de Salm, et acheté, en 1830, par le Gouvernement.

Le Palais Mazarin ou de l'Institut, fondé par le cardinal Mazarin et achevé, d'après son testament, en 1662, est situé sur le quai Conti en face le Louvre dont il n'est séparé que par le pont des Arts. Il se distingue par l'énorme et lourde coupole qui surplombe d'une façon disgracieuse le bâtiment principal donnant sur le quai.

Le palais Mazarin contient :

1° Un local spécialement affecté aux réunions et séances de l'Académie française ;

2° Une bibliothèque dite *Bibliothèque Mazarine*, renfermant 150,000 volumes et ouverte au public tous les jours de 10 à 5 heures.

3° Des ateliers affectés aux artistes faisant partie de l'Académie des Beaux-Arts.

4° La bibliothèque de l'Institut qui renferme 60,000 volumes et qu'on n'est admis à visiter que sur la présentation d'un académicien.

Le Palais du Corps législatif s'élève sur la rive gauche de la Seine, au bout du pont des Champs-Elysées, et fait pendant à l'église de la Madeleine. Commencé en 1722, par l'architecte Gerardini, il fut agrandi et achevé par Napoléon Ier, de 1804 à 1807. La façade qui regarde le quai est remarquable pour sa colonnade d'ordre corinthien et les statues colossales de *Minerve*, de *Thémis*, de *Sully*, de *Colbert*, de *L'Hôpital* et de *Daguesseau*.

A visiter dans l'intérieur : *le Salon de la Paix*, où l'on remarque surtout une copie du *Laocoon* et une *Minerve* en bronze ; *la Salle des séances*, où l'on n'est admis, pendant la session de la chambre, qu'avec des billets donnés par les députés ou les questeurs ; *la Salle Casimir Périer*, avec les statues de *Mirabeau*, de *Bailly* et de *Casimir Périer ; la Salle du trône*, avec les peintures d'Eugène Delacroix ; *la Salle des distributions ; la Salle des conférences* et la *Bibliothèque*.

Le Garde-Meuble de la Couronne, situé rue de l'Université, 152, renferme une curieuse collection de tentures, tapisseries, diamants, etc.

Le Palais de l'Archevêché, situé rue de Grenelle-Saint-Germain, 127, date du siècle de Louis XIV et peut, à raison des souvenirs sanglants de 1793 et de 1830 qu'il évoque, offrir quelque intérêt.

Le Palais de l'Industrie, aux Champs-Elysées, immense monument où se tint, en 1855, l'Exposition universelle. Ce vaste bâtiment n'a pas été jugé assez grand pour pouvoir contenir l'Exposition universelle de 1867. On peut y visiter actuellement l'Exposition annuelle de peinture. Il est mal approprié à cette destination spéciale ; il convient mieux aux exhibitions industrielles ; moins commode peut-être que le palais du Champ-de-Mars, il lui est, au point de vue architectural, infiniment supérieur.

Le Palais-de-Justice, qui occupe toute la moitié occidentale de l'île de la Cité, fut construit à différentes époques. Son vaste périmètre renferme différents constructions et monuments comme la Conciergerie, la Préfecture de police et la Sainte-Chapelle. Dans le Palais-de-Justice proprement dit, on remarque la *Salle des Pas perdus*, si originale par la foule qui s'y presse les jours d'audiences : avocats, avoués, plaideurs et huissiers.

La Conciergerie, qui fait partie du Palais-de-Justice est un monument curieux à visiter. C'était autrefois la prison du parlement de Paris ; maintenant c'est une maison de dépôt. Les cachots où furent enfermés maints personnages célèbres, entre autres Marie-Antoinette, *dernière reine de France*, ne sont pas ouverts au public. On ne peut les visiter qu'avec une permission spéciale, délivrée par le chef du bureau des prisons, à la Préfecture de police à Paris.

La Sainte-Chapelle, merveille d'architecture gothique, tient au Palais-de-Justice (voir plus loin Eglises).

Le PALAIS DES THERMES, dont il ne reste plus maintenant que des débris, était une immense demeure que les empereurs romains avaient fait construire sur la rive gauche de la Seine. Il fut fondé par Constance Chlore, père de Constantin le Grand. On peut juger par ce qui reste de ce monument de son caractère grandiose et imposant. Ces ruines situées sur le boulevard Saint-Michel sont reliées à l'hôtel de Cluny et précèdent un charmant jardin public, entouré de grilles, qui donne à la fois sur le boulevard Saint-Germain et sur le boulevard Saint-Michel. On pourra visiter le palais des Thermes et l'hôtel de Cluny tous les jours de onze heures à cinq heures.

LES GRANDS ÉTABLISSEMENTS PUBLICS

La BANQUE DE FRANCE, située rue de la Vrillière, fut bâtie, en 1620, par l'architecte Mansard ; elle occupe un vaste quadrilatère entre la rue de la Vrillière, la rue des Bons-Enfants, la rue Baillif et la rue Croix-des-Petits-Champs. Elle n'a de remarquable que ses caves, où sont enfermés le numéraire et les titres qui y sont déposés.

Escompte de 9 heures du matin à 4 heures du soir, tous les jours, les dimanches et fêtes exceptés.

La BOURSE, vaste bâtiment, construit, de 1808 à 1827, par l'architecte Brongniart. Ce monument possède une colonnade d'ordre corinthien qui produit un assez bel effet, quoiqu'en ait dit Alfred de Musset, qui qualifie ce monument de *grenier à foin, bâtard du Parthénon*.

A l'intérieur, il n'y a de curieux à voir que la grande salle qui, les jours de bourse, présente un spectacle vraiment inimaginable. Le bruit, les cris, les annonces des agents de change et des coulissiers produisent un brouhaha épouvantable et forment un spectacle étrange pour le novice.

L'horloge de la Bourse possède, avec le canon du Palais-Royal, le privilége de régler les montres des Parisiens.

Le TRIBUNAL DE COMMERCE montre, à côté du Palais-de-Justice, sa coupole grotesque et son architecture d'arlequin, mélange où se trouvent réunis tous les styles, excepté le bon. Il y a des personnes qui admirent le côté du monument qui fait face au quai..... ce qui prouve que tous les goûts sont dans la nature.

L'HOTEL-DE-VILLE, un des plus beaux monuments de Paris, n'a qu'un défaut, celui de se trouver sur les quais au lieu d'être sur une des collines de Paris. L'Hôtel-de-Ville fut commencé vers 1532, et achevé dans les premières années du dix-septième siècle. La façade principale, qui donne sur la place de Grève, est extrêmement remarquable. On admire surtout, outre les colonnes cannelées d'ordre composite, la figure équestre d'Henri IV, bas-relief en bronze, de Lemaire, qui surmonte la porte centrale de l'édifice. Les façades latérales et celle qui regarde la place Lobau sont du même style que la façade principale, mais moins ornementées.

A visiter : la *Galerie de Pierre*, avec ses belles peintures modernes; l'antichambre des appartements ouverts au public, avec une statue en bronze de Bosio : *Henri IV enfant;* le canapé célèbre sur lequel, en juin 1848, le général Négrier rendit le dernier soupir.

Dans les appartements : la *Salle d'attente*, décorée par un peintre de talent, mort dans ces dernières années, Court; les *Salons de jeu*, le *Salon des arcades*, avec ses trois plafonds peints par Schopin, Picot et Vauchelet.

Les appartements de grande cérémonie, avec : le *Salon de Napoléon Ier*, la *Galerie des fêtes*, etc., etc.

La MONNAIE, sur le quai Conti, fut construite, de 1771 à 1775, sur les dessins de l'architecte Jacques-Denis Antoine. La façade du quai est remarquable; son avant-corps est composé de six colonnes ioniques reposant sur un soubassement percé de cinq arcades, et dont l'entablement supporte une attique ornée des statues de *la Loi, la Force, la Prudence, l'Abondance, la Paix, le Commerce*. La façade en retour de la rue Guénégaud est bien inférieure à la première.

Outre les ateliers qu'on peut visiter, de midi à 3 heures du soir, le mardi et le mercredi de chaque semaine, avec une permission de M. le directeur de la fabrication ou de M. le président de la commission des monnaies et médailles, l'hôtel de la Monnaie renferme encore un *Musée des médailles et des monnaies*, — collection curieuse pour les amateurs de numismatique, — que le public est admis à visiter le mardi et le vendredi, de midi à 3 heures du soir.

Les GOBELINS, manufacture impériale de tapis, situés près des barrières d'Italie et de Fontainebleau, offrent aux visiteurs des curiosités sans nombre. A voir surtout : les *Salles d'exposition*, les *Ateliers de tapis et de tapisseries*, l'*Atelier de rentraiture* et l'*Atelier de teinture*.

L'IMPRIMERIE IMPÉRIALE, ancien hôtel de Strasbourg, fondé en 1712, située rue Vieille-du-Temple, renferme tout à la fois des chefs-d'œuvre d'art et des chefs-d'œuvre d'industrie. A voir, entre autres choses : les *Chevaux à l'abreuvoir*, bas-reliefs de Coustou; le *Salon d'attente*, avec ses quatre tableaux de Boucher; le *Cabinet des poinçons*, la *Salle des machines*, etc., etc.

L'HOTEL DU TIMBRE, rue de la Banque, 9, est une des plus déplorables productions du style néo-classique, si fort à la mode de nos jours.

L'HOTEL-DES-INVALIDES est destiné à recueillir les débris des armées françaises, et sert d'asile aux vieux soldats mutilés. Depuis sa fondation par Louis XIV (1671), il a toujours été l'objet des soins et des attentions des souverains qui se sont succédé sur le trône de France.

Dans la cour qui s'étend devant la façade principale, de chaque côté de la porte d'entrée, sont des pièces glorieusement conquises sur l'ennemi dans les innombrables campagnes accomplies par notre armée; on dirait que toutes les nations du monde ont envoyé à Paris un échantillon de leur artillerie. Ainsi, il y a des canons anglais, des canons russes, des canons prussiens, autrichiens, marocains, etc.; jusqu'à des canons chinois, **voire même japonais**.

Cette vaste cour enserre, tout le long des parapets qui entourent le monument, une foule de petits jardins que cultivent eux-mêmes les habitants de l'Hôtel. C'est réellement curieux de voir l'habileté et l'ingéniosité de ces braves gens à décorer leur petite propriété, au milieu de laquelle se dresse toujours, à la place d'honneur, une statuette ou un buste de Napoléon Ier, du *petit caporal*. L'Hôtel proprement dit élève sa façade principale au fond de la cour dont nous venons de parler; il est immense, et, si l'on n'avait un guide, on courrait risque de se perdre dans le dédale de ses corridors et de ses escaliers.

Tout est à visiter à l'Hôtel-des-Invalides. Tout, depuis les cuisines jusqu'à la bibliothèque, offre de l'intérêt; mais ce qui attire le plus les étrangers, c'est sans contredit le tombeau de Napoléon Ier. Rien de grandiose, au point de vue artistique, comme la crypte à ciel ouvert où reposent les cendres du grand capitaine.

L'église aussi est remarquable avec ses drapeaux étrangers, glorieuses conquêtes de nos armes, suspendus aux voûtes; et ses caveaux, qui renferment les sépultures de presque tous nos grands hommes de guerre.

Le Conservatoire des Arts-et-Métiers, rue Saint-Martin, 292, ouvre ses galeries au public les dimanches et jeudis, de 10 heures à 4 heures, *gratuitement*, et, moyennant un franc par personne, les lundis, mardis et samedis, de **1 heure à 3 heures** du soir.

L'Observatoire, qui s'élève sur la rive gauche, au bout de l'avenue qui porte son nom, et derrière feu le jardin du Luxembourg, n'offre rien de bien curieux à visiter. Ce monument n'a d'importance que par les savants astronomes qui l'habitent.

L'École des Beaux-Arts, rue Bonaparte, 14, et quai Malaquais, bien que destinée à former des artistes, est un des monuments les moins artistiques qui existent. L'architecture en est froide et massive, surtout celle de la façade du quai Malaquais. Il faut cependant admirer la magnifique grille en fonte de l'entrée principale de la rue Bonaparte, ainsi que le portail du *château d'Anet* et la façade à jour du *château de Gaillon*, qui se trouvent dans la cour.

Le Conservatoire de Musique et de Déclamation, rue du Faubourg-Poissonnière, 15, n'a d'intéressant que sa *bibliothèque musicale* et sa *collection d'instruments de musique*. Pour le visiter, obtenir *l'agrément du concierge*.

MUSÉES

Au premier rang des Musées, non-seulement de Paris et de la France, mais encore du monde entier, est le Musée du Louvre, dont nous avons déjà dit précédemment quelques mots.

Le Musée du Louvre comprend :

1° Un *Musée de Sculpture*, dont les ouvrages ont été divisés en : sculpture antique, sculpture du moyen âge et de la Renaissance, sculpture moderne française.

On entre au *Musée des Antiques* par le pavillon de Sully, à gauche. On y admire, entre autres choses remarquables : la fameuse *Vénus* dite *de Milo*, la *Diane de Gabies*, l'*Hermaphrodite Borghèse*, le *Vase d'Amathonte*.

Le *Musée du moyen âge*, situé aussi au rez-de-chaussée,

comprend cinq salles : la *Salle d'entrée*, la *Salle Jean Goujon*, la *Salle des Anguiers*, la *Salle de Jean de Douai*, la *Salle Michel Colombe*.

La *Sculpture moderne française*, — où ne se trouvent que les œuvres des sculpteurs français morts, — occupe cinq salles : les *Salles du Puget, Coysevox, des Coustou, Houdon et de Chaudet*. A voir, dans la salle du Puget, entre autres chefs-d'œuvre : *Persée délivrant Andromède* et *Milon de Crotone*, dans la salle Houdon : *Ulysse tendant son arc*, par Jacques Rousseau ; dans la salle Chaudet : la *Psyché*, de Pradier, le *Mercure*, de Rude, et l'*Epaminondas*, de Bridan.

2° Un *Musée de Peinture*, qui comprend 558 tableaux italiens, 618 allemands, flamands et hollandais, 20 espagnols et 650 de l'école française.

C'est dans la salle dite *Salon carré* que sont réunies les toiles les plus remarquables des maîtres les plus célèbres de toutes les écoles. La *Salle des sept cheminées* renferme les principales toiles de l'école française moderne.

A ce musée spécial de peinture s'ajoutent, comme conséquence, un précieux *Musée de Dessins* et un *Musée de Gravures*.

3° Un *Musée égyptien*, dans lequel on entre, au rez-de-chaussée, sous la porte de la grande colonnade située en face Saint-Germain-l'Auxerrois, et qui se divise en *Musée des antiquités égyptiennes* au rez-de-chaussée, et *Musée égyptien* au premier étage.

4° Un *Musée américain*, composé en général de grossières figures rapportées d'Amérique.

5° Un *Musée maritime*, où l'on remarque surtout le plan en relief de presque tous les ports de France.

6° Le *Musée des Souverains*, rare et précieuse collection d'objets ayant servi aux rois de France.

7° Le *Musée Sauvageot*, qui contient des ivoires, des bois sculptés, des albâtres, cires, grès, verreries, faïences, poteries, émaux, objets de cuivre, fer, étain, etc., du temps de la Renaissance.

8° Le *Musée Napoléon III*, composé d'antiquités rapportées de Syrie, de Macédoine et de l'Asie-Mineure, et de chefs-d'œuvre des écoles bolonaise, byzantine, espagnole, ferraraise et florentine, etc., des quatorzième, quinzième, seizième et dix-septième siècles.

Le Musée du Luxembourg est installé au premier étage de l'aile gauche du palais du Luxembourg. L'escalier qui y conduit s'ouvre dans le jardin donnant sur la rue de Vaugirard. La *Grande Galerie* contient deux cents tableaux environ de l'école contemporaine. Elle est reliée, par une terrasse ornée de cartons et de dessins, à trois petites salles contenant également une cinquantaine de tableaux d'artistes contemporains. La sculpture est peu importante. — Ouvert tous les jours, de 11 heures à 4 heures.

Le Musée de Cluny, installé au rez-de-chaussée et au premier étage de l'hôtel Cluny, est un véritable écrin archéologique. Les arts et l'industrie des quatorzième, quinzième et seizième siècles y sont représentés admirablement, et on ne trouverait nulle part une collection aussi complète, sinon aussi riche, d'objets sculptés, d'émaux, d'ivoires, de vitraux et de tapisseries. — Ouvert tous les jours, de 11 heures à 5 heures.

Le Musée d'Artillerie, situé sur la place Saint-Thomas-d'Aquin, à côté de l'église du même nom, renferme la collection la plus complète qu'il soit possible de trouver d'armes défensives et offensives de toutes sortes, de tous les temps, de tous les pays, de tous les peuples. — Ouvert au public, sans passeport ni permission, tous les jeudis, de midi à 4 heures.

Le Musée d'Anatomie comparée, à l'Ecole de médecine, est ouvert aux élèves et aux médecins tous les jours non fériés, de 11 heures à 4 heures.

Le Musée Dupuytren, à l'Ecole pratique, rue de l'Ecole-de-Médecine, 15, est ouvert aux médecins et aux élèves de l'Ecole de médecine seuls, les jours ordinaires, de 11 heures à 4 heures.

Le Musée des Beaux-Arts, à l'Ecole des Beaux-Arts, rue Bonaparte, 14, est ouvert tous les jours au public. (Pourboire au concierge.)

Le Muséum d'Histoire naturelle, au Jardin des Plantes, sur la rive gauche de la Seine, en face le pont d'Austerlitz, près de la gare du chemin de fer d'Orléans, ouvre au public, les mardis et jeudis, de 2 à 5 heures, et les dimanches, de 1 à 5 heures, ses galeries d'anatomie comparée, de zoologie, de botanique, de géologie et de minéralogie.

Les personnes munies de cartes et de permissions, que l'Administration délivre toujours sur l'exhibition d'un passeport, peuvent visiter ces mêmes galeries les mardis, jeudis et samedis, de 11 heures à 2 heures

BIBLIOTHÈQUES

La Bibliothèque impériale, 98, rue Richelieu, est, de toutes les bibliothèques de Paris, la plus considérable, celle qui renferme le plus grand nombre de volumes (1,800,000 imprimés, 100,000 manuscrits), la plus belle collection de médailles et antiques (200,000 médailles) et d'estampes (125,000 gravures). Elle est ouverte au public, le temps des vacances excepté, tous les jours non fériés, de 10 heures du matin à 4 heures du soir.

La Bibliothèque Sainte-Geneviève est située sur la place du Panthéon. Cet établissement, où viennent travailler les nombreux élèves des écoles de Paris, possède environ 110,000 volumes et 5 à 6,000 estampes, et est ouvert au public tous les jours non fériés, de 10 heures du matin à 3 heures du soir et de

6 heures à 10 heures du soir. Fermeture pendant les vacances, du 1er septembre au 15 octobre.

La BIBLIOTHÈQUE MAZARINE, située dans le palais de l'Institut, sur le quai Conti, fut fondée par le cardinal Mazarin. Elle est ouverte au public tous les jours non fériés (les vacances exceptées), de 10 heures du matin à 3 heures du soir. Elle renferme environ 150,000 volumes et 4,000 manuscrits.

La BIBLIOTHÈQUE DE L'ARSENAL, rue de Sully, ouverte tous les jours non fériés (vacances du 1er au 15 septembre), de 10 heures du matin à 5 heures du soir, est réputée pour la valeur et la rareté des manuscrits qu'elle renferme, — 230,000 volumes et 660,000 manuscrits environ. — De tout temps, ses conservateurs sont choisis parmi les plus lettrés, les plus savants.

La BIBLIOTHÈQUE DE LA SORBONNE (*à la Sorbonne, siége de l'Université, des facultés des lettres, des sciences, de théologie, cours publics, examens, etc.*), rue et place Sorbonne, près du musée de Cluny, — 100,000 volumes environ, — est ouverte tous les jours non fériés, de 10 à 3 heures, et fermée pendant les vacances, du 12 juillet au 25 août.

La BIBLIOTHÈQUE DU LOUVRE est située dans le palais du Louvre; elle renferme environ 100,000 volumes, et n'est pas ouverte au public. Pour la visiter, il faut une autorisation spéciale du ministre d'Etat.

Les ARCHIVES DE L'EMPIRE, rue du Paradis-du-Temple, 20, renferment une précieuse collection de documents politiques, administratifs et judiciaires, relatifs aux divers gouvernements de la France.

Bibliothèque spéciale et salle publique ouverte aux travailleurs et chercheurs, tous les jours non fériés, de 10 heures à 3 heures.

On peut visiter cet établissement le jeudi, de midi à 3 heures, seulement avec une autorisation du directeur.

Il existe, en outre, dans tous les ministères, des bibliothèques spéciales qui ne sont pas publiques. Ces collections, en général mal en ordre, renferment souvent des documents et manuscrits précieux ; le difficile est de les déterrer.

On peut être admis à les visiter ou à y travailler en demandant une autorisation au Ministre, ou bien en s'adressant directement, **avec de bonnes recommandations**, au bibliothécaire lui-même.

LES ÉGLISES

Notre-Dame, dans la Cité, près de l'Hôtel-Dieu, à proximité de l'Hôtel-de-Ville, commencée en 1163, et seulement complétement achevée et restaurée en 1845, sous le règne du roi Louis-Philippe Ier, offre au visiteur un des plus beaux échantillons de l'architecture et de la sculpture gothiques. Outre ses innombrables statues, une des choses à admirer, c'est le pourtour du chœur avec ses bas-reliefs. Quoique Notre-Dame soit ouverte à tout le monde et gratis, il faut cependant payer 50 cent. pour visiter le pourtour du chœur. Est-ce en vertu d'une mesure prise par le ministère des cultes ou l'archevêque de Paris? Est-ce tout simplement un impôt établi injustement par les *employés subalternes* du temple? On se le demande.

La Sainte-Chapelle, située dans une des cours du Palais-de-Justice, en face le bâtiment où sont les chambres de police correctionnelle, fut, dit-on, construite sous le saint roi Louis IX, de 1242 à 1247. Ce qu'elle offre de plus curieux, c'est la flèche de 35 mètres 25 centimètres qui la surmonte ; rien de plus joli que ses fines dentelures de plomb, dont les arêtes dorées brillent sous les rayons du soleil.

Saint-Germain-des-Prés, place du même nom, rue Bonaparte. Vitraux du chœur et peinture de H. Flandrin.

Saint-Augustin, église nouvellement construite sur le boulevard Malesherbes, remarquable selon les uns, ridicule selon les autres, par les œuvres des artistes contemporains qui l'encombrent; — style quatorzième siècle.

Saint-Vincent-de-Paul, place Lafayette. Frise de la nef peinte par H. Flandrin; coupole du chœur peinte par M. Pirot.

Sainte-Clotilde, place Bellechasse, plus belle de loin que de près.

Saint-Étienne-du-Mont, place Sainte-Geneviève, derrière le Panthéon; magnifique portail récemment restauré. A remarquer: les arcs surbaissés de la belle galerie qui fait le tour de la nef et du chœur à l'intérieur. C'est en officiant à Saint-Etienne-du-Mont que l'archevêque de Paris, Sibour, fut tué, le 3 janvier 1856.

Sainte-Geneviève (le Panthéon), sur la place du Panthéon, fut construite en 1764. Ce monument, bizarre assemblage de grec et de romain, fut d'abord une église; sous la Constituante, il fut consacré au souvenir des grands hommes, et, en 1851, rendu au culte.

Si on critique la coupole qui dépare les grandes lignes sévères du monument, en revanche on admire les colonnes du portique et surtout les sculptures du fronton, œuvre de David (d'Angers): *La Patrie, entre la Liberté et l'Histoire, distribue des palmes aux grands hommes.*

Saint-Eustache, en face les Halles centrales, une des plus belles et des plus curieuses églises de Paris, renferme une collection précieuse de peintures et de sculptures de mérite.

Saint-Germain-l'Auxerrois, en face de la colonnade du

Louvre, la plus vieille église de Paris (elle aurait, dit-on, été bâtie sous Chilpéric Ier). Restaurée à diverses époques, elle offre plusieurs modèles de styles différents. A remarquer : le porche avec ses cinq arcades ogivales et ses fresques sur fond d'or, les vitraux, des quinzième et seizième siècles, dans les deux roses du transept, la Vierge, du quatorzième siècle, dans le pourtour du chœur, etc.

Saint-Jacques-du-Haut-Pas, rue Saint-Jacques, proche le Panthéon, qui date de 1630; style dorique; portail avec tour carrée; quelques statues et tableaux remarquables à l'intérieur.

La Madeleine, temple païen consacré au culte catholique, sur la place de la Madeleine, et faisant face au palais du Corps législatif, par la rue de la Paix, la place et le pont de la Concorde. Belle collection d'œuvres d'art.

Saint-Merri, rue Saint-Martin, remarquable par les sculptures du portail, sa tour carrée, sa tourelle et sa campanille en bois. Dans l'intérieur, verrières du seizième siècle, peu de tableaux, chapelle souterraine du seizième siècle.

Saint-Nicolas-des-Champs, également rue Saint-Martin, près du Conservatoire des Arts-et-Métiers; portail ogival remarquable par ses sculptures; à l'intérieur, orgue *Cliquot* et quelques tableaux de maîtres.

Notre-Dame-de-Lorette, rue de ce nom; style roman et corinthien, portail et fronton de Nanteuil, peintures modernes.

Saint-Roch, rue Saint-Honoré, n'offre rien de remarquable comme architecture; une des églises les plus riches de Paris en œuvres d'art; célèbre par les messes en musique qui y sont exécutées par les premiers artistes de la capitale.

Saint-Sulpice, sur la place de ce nom, fondée en 1646; façade originale avec ses deux portiques superposés et ses deux tours dissemblables.

A l'intérieur, statues et peintures de mérite.

La Trinité, rue Saint-Lazare, vis-à-vis de la rue de la Chaussée-d'Antin; achevée en 1866.

PLACES

Les places les plus remarquables de Paris sont :

La Place de la Concorde, entre le jardin des Tuileries et la magnifique promenade des Champs-Elysées, on y admire *l'obélisque de Louqsor*, deux belles fontaines à jet d'eau et les statues gigantesques des principales villes de France.

La Place du Carrousel, entre le nouveau Louvre et le palais des Tuileries, avec l'Arc de Triomphe du Carrousel, élevé en 1806 à la gloire des armées impériales, sur le modèle de l'Arc de Septime Sévère, à Rome.

La Place de la Bastille, près du chemin de fer de Paris à Lyon, au commencement de la ligne des grands boulevards intérieurs, avec sa colonne élevée en l'honneur des combattants morts en 1830, pour la défense de la liberté ; *le Génie de la Liberté*, en bronze doré, qui surmonte la colonne, est du plus bel effet.

La Place du Chatelet, à l'extrémité nord du pont au Change, entre les théâtres Lyrique et du Châtelet, avec sa *Fontaine de la Victoire*.

Le Square de la Tour Saint-Jacques, avec la magnifique tour où Pascal fit ses premières expériences sur la pesanteur.

La Place de l'Arc de Triomphe de l'Etoile, au bout de l'avenue des Champs-Elysées, à l'entrée de l'allée qui conduit au bois de Boulogne.

Au milieu s'élève un des plus beaux et des plus grandioses monuments élevés à la gloire de nos armées, l'Arc de Triomphe de l'Etoile, commencé en 1806. A examiner : les magnifiques trophées qui ornent les quatre pieds de l'édifice : *Le Départ*, par Rude, *le Triomphe*, par Cortot, *la Résistance*, et *la Paix*, par Etex.

La PLACE VENDÔME, et sa fameuse colonne fondue avec le bronze des canons pris sur l'ennemi, surmontée de la statue de Napoléon Ier en empereur romain.

La PLACE DES VICTOIRES, près de la Banque et de la Bourse, avec la magnifique statue équestre de Louis XIV, au milieu.

Le TERRE-PLEIN DU PONT-NEUF, au milieu du Pont-Neuf, où se trouve la statue équestre du roi Henri IV.

La PLACE DU CHATEAU-D'EAU, à l'intersection des boulevards du Temple, du Prince-Eugène, des Amandiers, de Magenta et de la rue du Temple, avec sa belle fontaine qui se trouve en face la caserne du Prince-Eugène.

La PLACE LOUVOIS, rue Richelieu en face la Bibliothèque impériale ; les cariatides qui soutiennent la fontaine qui s'élève au milieu du square, sont d'une belle exécution.

La PLACE DU PONT SAINT-MICHEL, à l'entrée du boulevard Saint-Michel. Fontaine surmontée de la figure de l'Archange Michel terrassant le démon.

La PLACE SAINT-SULPICE, devant l'église de ce nom. Fontaine monumentale avec quatre statues assises, au milieu, sur les quatre faces : *Bossuet, Fénelon, Fléchier, Massillon*.

La PLACE DU TRONE, à l'entrée du faubourg Saint-Antoine.

La PORTE SAINT-MARTIN, sur le boulevard de ce nom, entre les rues Saint-Martin et du faubourg Saint-Martin. Arc de Triomphe construit en 1674, en mémoire de la conquête de la Franche-Comté.

La PORTE SAINT-DENIS, sur le boulevard de ce nom, entre les

rues Saint-Denis et du Faubourg-Saint-Denis. Arc de Triomphe élevé en 1672, en l'honneur de Louis XIV.

Le CARREFOUR DE L'OBSERVATOIRE, avec la statue en bronze du maréchal Ney, élevée à l'endroit même où il fut fusillé.

A voir : la FONTAINE-MOLIÈRE, au coin de la rue de la Fontaine-Molière et de la rue Richelieu, œuvre de Pradier ;

La FONTAINE DES INNOCENTS, près des Halles centrales, rue Saint-Denis, chef-d'œuvre du sculpteur Jean Goujon ;

La FONTAINE CUVIER, près du jardin des Plantes, rue Saint-Victor, en face de l'hôpital de la Pitié ;

La FONTAINE DE LA RUE DE GRENELLE, dans la rue de ce nom ;

La FONTAINE DE L'ARBRE-SEC, dans la rue de ce nom ;

La FONTAINE SAINT-GEORGES, sur la place Saint-Georges ;

La FONTAINE GAILLON, au carrefour de ce nom, près du boulevard des Italiens.

JARDINS ET PROMENADES

Les principaux sont :

Le JARDIN DES TUILERIES, à la suite du Palais ;

Le JARDIN DU PALAIS-ROYAL, situé à l'intérieur du Palais ;

Le JARDIN DU LUXEMBOURG, actuellement en état de destruction complète ;

Le JARDIN DES PLANTES, à l'extrémité sud du pont d'Austerlitz ; — Jardin botanique, animaux vivants ; — Musée d'Anatomie comparée.

Le BOIS DE BOULOGNE, magnifique promenade à laquelle on arrive par l'avenue de l'Impératrice, à gauche de l'Arc de

Triomphe de l'Etoile; rivières, cascades, pavillons, restaurants, *Jardin d'acclimatation* très-curieux à visiter.

Le Bois de Vincennes, à quelque distance de la barrière du Trône, près le fort de Vincennes; lac, promenade agrémentée de militaires de toutes armes.

Le Parc Monceaux, près de l'Arc de Triomphe de l'Etoile, a aussi sa rivière, sa glacière et ses rochers.

PARIS-UTILE

NOTES — RENSEIGNEMENTS — ADRESSES

CONSTRUCCION DE MAQUINAS
Alfred MAULDE ET WIBART
Rue de l'Arrivée, 12, en Paris (Gare Montparnasse)

MOTOR DE VAPOR
CON CALDERA
inexplosibile
sin tubulacion

Fuerza:	Precio:
1 caballo	1,900 fr.
2 caballos	2,600 »
3 —	3,500 »
4 —	4,000 »
6 —	5,000 »
8 —	6,000 »

VENTAJAS

Sencillez y solidez á **toda prueba**—Ningun gasto de conservacion. — Ni gastos de instalacion. — Ocupan poco espacio — Pueden colocarse en todas partes. — Cualquiera puede conducirlos. — Queman toda clase de combustibile y son muy economicos, la caldera alimentandose con agua caliente. — La regularidad de su marcha les hace aplicables a **toda clase de industrias**.

PRENSAS TIPOGRAFICAS

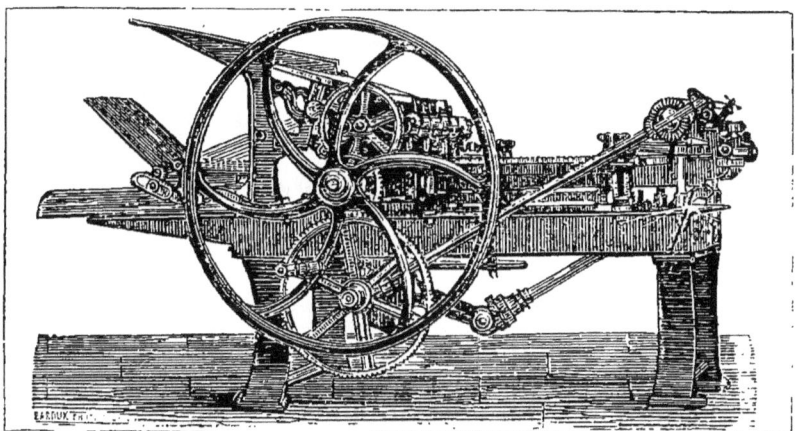

Prensas para todos tamaños. — Maquinas para periodicos de 2 y 4 cilindros (gran velocidad). — Prensas hidraulicas. — Prensas litograficas. — Laminadores, etc., etc., etc.

Admitidos en la Exposicion universal (Classe 59)

Classe LIX. — N° 42

OUTILLAGE TYPOGRAPHIQUE

BOILDIEU

MÉCANICIEN-CONSTRUCTEUR

BREVETÉ S. G. D. G.

ADMIS A L'EXPOSITION
De 1867

FABRIQUE SPÉCIALE
D'USTENSILES D'IMPRIMERIE

Composition — Impression
Stéréotypie — Galvanoplastie
Brochure

Une galerie d'exposition des Machines et Ustensiles de la Fabrique BOILDIEU, est ouverte tous les jours, 8, rue du Regard, pendant la durée de l'Exposition universelle.

PARIS-ÉLÉGANT

NOTES — RENSEIGNEMENTS — ADRESSES

RÉCOMPENSES AUX EXPOSITIONS UNIV^{LLES}. — 1867. MÉD. ARGENT, BRONZE, ETC.

MAISON SAJOU

CABIN, Succ^r

52, rue de Rambuteau, à Paris

DESSINS et MODÈLES d'OUVRAGES de DAMES

pour tapisserie, broderie, guipure, filet,
crochet, tricot, frivolité et fantaisies en tous genres

NOUVELLE TAPISSERIE SUR CUIR

Cette invention brevetée vient de figurer à l'Exposition universelle
Elle consiste à préparer le **cuir, maroquin,** etc., de manière à remplacer avantageusement le canevas dans le travail de la tapisserie à l'aiguille. Cette nouveauté distinguée et de bon goût a le mérite d'être facile et prompte à exécuter, de dispenser du fond, puisque le cuir de couleur en tient lieu, et d'avoir une valeur supérieure.

On fait principalement des pantoufles; des meubles, chaises, tabourets, coussins; des objets de bureau ou de poche, buvards, porte-cigares, etc.

LA MOSAIQUE DES SALONS

Travail d'agrément au moyen duquel on fait soi-même de jolies mosaïques en bois; et qui permet de reproduire tous les dessins, de décorer des petits meubles, boîtes, objets de bureau, etc.

Ce travail facile, très-intéressant, a un caractère artistique **très-marqué**; il est d'une solidité et d'une durée indéfinie.

Une Médaille vient de lui être décernée à l'Exposition universelle

COLLECTION très-**VARIÉE D'ALBUMS**, dont une partie avec méthodes et explication, pour les ouvrages de **guipure, frivolité, crochet, filet, tricot, tapisserie, marque, broderie, chiffre, écusson**, etc.

Les produits de la maison SAJOU sont connus et répandus dans le monde entier

(47)

BRONZES & IMITATION
ARTICLES POUR ÉTRENNES

Réné RIGOLET

7, rue Oberkampf
(Cité Crussol)
PARIS

ADMIS AUX BEAUX-ARTS

Groupes, Statuettes, Bustes, Spécialité d'animaux
Cartels et Supports, — Porte-allumettes et Cure-dents

FLAMBEAUX — COUPES — ENCRIERS — TÊTES

FANTAISIES — OBJETS D'ART

AGENCES & CORRESPONDANT
DE
PARIS – PARTOUT
dans toute la France
ET
DANS LES VILLES SUIVANTES

LONDRES.	TURIN.
S.^T PÉTERSBOURG.	FLORENCE.
VIENNE.	ROME.
BRUXELLES.	GENÈVE.
BERLIN.	MADRID.
NEW-YORK.	LISBONNE.
RIO-JANEIRO.	

www.ingramcontent.com/pod-product-compliance
Lightning Source LLC
Chambersburg PA
CBHW070320100426
42743CB00011B/2487